半ダース介護

6人のおジジとおババお世話日記

井上きみどり
Inoue Kimidori

集英社

はじめに

漫画家の井上きみどりです
私が介護の漫画を描こうと思ったきっかけは
ある取材での雑談でした
そういえば私の知人に複数の高齢者を
ひとりで介護してる女性がいてね
複数って何人ですか?
何人だっけ〜?
たしか4人だった気がするけど
ひとりで4人?
多いですねー夫と自分の両親ってこと?
その人と来週会うから聞いておくね
翌週
聞いたよ〜
7人だった〜

ひとりで
7人の
介護なんて
どういうこと!?
その人に会わせてくださいー
そうして
会ったのが
この漫画の
主人公
ハルコさんでした
ピーク時は
7人でしたけど
今は4人だけで
余裕が
できたので
アルバイトを
始めました♡
ニコニコ
4人で
余裕って…!
あっでも
私ぜんぜん
介護の達人じゃ
ないんですよ
トホホなことも
たくさーんあって
その後
くりひろげられた
ハルコさんの
半ダース介護談は
今まであんなことがあってこんなことがあって…
大人数を
介護していたことを
除くと
「介護あるある」話
だらけでした
あの…
ハルコさんの
お話
漫画にしても
いいですか？
こんな話でよければどうぞー
介護してると
孤独を
感じることが
多いんですよ
私の
失敗談や
体験談で
「あー
仲間がいる」って
思ってくれる人が
いたら
うれしいです

もくじ

半ダース介護 その1
1/2

私は現在4人の家族を介護中の
ハルコ(50)です
…と言うと
えっ ひとりで4人も介護を？
…と驚かれますが
これでも減ったんです〜
今もっ ラクラクっ
だって一番多いときは
7人のシニア家族を介護していましたから…っ
1
2
3
4
5
6
7
その時の私は
ボロボロ
でした……

私が介護していたのは私の両親と
ハルコのFamily
父
母
夫の祖母と夫の実の両親と育ての両親の7人
夫のFamily
祖母
実父
実母
育ての父
育ての母
名付けて
半ダース介護！
6+1
プラス1っ！
フクザツな家庭に育った夫との結婚は私の両親から反対されましたが
父母が2組もいる??
老後の世話が大変だからやめなさい！
20代のハルコ
ワンレン
太眉
ボディコン
そんなの先の話だし〜
何とかなる何とかなる〜〜〜〜
カラーン カラーン
肩パット

…がそう言っていた私の父がガンになり
10年後
元気だった夫の実父が急に病気になって
心臓病と胃がん…
夫の養父が倒れ
心臓と前立腺がん…
もともと不安障害を抱えていた夫の養母の症状が進み
ハルコさん…
歩けない…
警察ですがおばあさんを保護しています
夫の祖母が認知症になり
夫の実母の恋愛問題ボッパツ…
夫の実母78歳
今カレと結婚するー
元カレ？別れたわ♡
そんなふうに私の半ダース介護はドミノ式に始まってしまったのでした……
何とかなるって思ってたけど…
ソーゼツでした
えぇ…
えぇ…
6+1

半ダース
1/2
介護
その2
私の記念すべき介護デビューは
私の実の父でした
それは今から約20年前
えっ お父さんがガンに…?
そうなの どうしよう〜
私の母はひとりで喫茶店にも入れないお嬢様シニアなので
ずーっと気になってる喫茶店があるの
一緒に行ってー♡
直接父の世話をするのは母でしたが
ごはんたべましょ
入院の手続き私がするね!
お父さんの病院に行く? 車で送るよ!
私も積極的に父の介護にかかわっていました
お父さん今日も来たよー♡
じーじっ

そして半年後
あっという間に介護終了…
その時点で私が抱えていた高齢者は6人
私はこの先6回もおジジとおババを看取るのか…
自分の母
夫の父
夫の母
夫の祖母
夫の育ての父
夫の育ての母
父の介護はたった半年だったし手もかからなかったけど
これからどんな介護が待っているかわからない…
6人とも個性派ぞろいだし…
今のうちに介護技術を身につけておかなきゃ！
…とホームヘルパーの研修に通い
訪問介護員養成研修
たのもう～っ
来たるべき日のために
ヘルパー2級の資格をとりました…！
これで介護バッチリ!!
6人のおジジおババどーんとこいーっっ!!!

資格取得後
こんな誘いを
もらいましたが
ポンっ
あなた
ヘルパーの才能
あるわ…
うちで
働かない…？
担当してくれた
講師
お給料
はずむわよ～
あなたなら
おジジとおババの
アイドルに
なれるわよ～
将来
講師になるのも
夢じゃないわよ～～～
それを
夫の実母に
言うと
え？
ヘルパーの
お仕事？
あなた
そんな
大変なお仕事
おやめなさい
わざわざ外で
そんなお仕事
しなくたって
うちにゴロゴロ
ジジババなんて
いるんだから
私たちと
のんびり
暮らしましょうよ～♡
そうですよねーっ
……が
その後
スタートした
おジジおババ
6人の介護は
ヘルパーより
過酷な
タダ働き介護だった
のでした～……

半ダース 1/2 介護 その3
おジジとおババ半ダースの介護の中で
一番大変だったのは
夫の育ての父くまパパの介護でした…
くまパパでーす
75歳で現役の会社役員としてバリバリ働いていたくまパパは
サンタクロースみたいな巨体で
ふんっ
ゴルフもするし海外旅行もする
元気過ぎるアクティブシニアでした
女性にももてた→
だけど…介護って……
突然やってくるんですね~~~~
しかも
芋ヅル式に~~~~

くまパパの介護が始まったのは
ひとり目の介護だった
私の父を看取り
来たるべき介護生活に備えて…っ
みんなが元気な今のうちにっ
ホームヘルパーの資格をとり
ふたり目の介護だった
夫の実父を看取り
ハルコさんお葬式4時からだったかしら？
朝10時ですよ〜
駅前の会館よねっ
駅裏よ〜
なんとか5人のおジジおババを集めてお葬式をしている……
最中でした
なむ〜
バタンッ
あの元気なくまパパが倒れた……っ!!
救急車を呼べ——っ!!

しかし救急車はなかなか来ないわ
まだなのーっ!?
もともと軽度の不安障害があったくまパパの妻美ママはパニックを起こすわ
ハルコさん歩けない…
急に足が…
やっと来た救急隊員は
お名前は?
倒れている人に名前なんて言えないでしょーっ
すぐに運んでくれないわ
搬送前に本人確認をする決まりですので!
キラーン
はあああああ
めっちゃイケメンで見とれるわ
ハルコさんっ
しっかりするのよッ
ママーっ
搬送先の病院へみんな喪服で押しかけてギョッとさせるわ
病院に喪服の集団がっ縁起悪…っ
くまパパーっ
くまじぃーっ
ドカドカ
そんな出だしから大変だったくまパパの介護で私はついに…
下《シモ》デビューを果たすのでした……

半ダース介護 その4

突然倒れた夫の育ての父くまパパ(75)
バタンっ
お葬式中
原因は
心臓と腎臓の機能低下と…
前立腺がんです
えっ
心臓がかなり弱っているのでペースメーカーを入れる手術と
前立腺がんの手術が必要ですね
前立腺がんって…
手術した後トイレは自分でできるんですか?
術後排尿障害を起こす人もいますが
その場合でも自己導尿ができれば問題ないでしょう
自分でできるんだ…
ホッ
そして手術後残念ながら排尿障害になってしまったくまパパ
う〜

退院前に自己導尿の練習をしましょう！
シャーッ
自分で尿道にカテーテルを入れるんですよ
……
……
シャーッ
できませんでした…！
できませんでしたって…
ど どうするんですかっ？
大丈夫ですよ ご自分でできない場合はご家族に導尿してもらいますから♡
ご家族って…………
パカッ
↑冷蔵庫
私…っ!!?
そうそう
↑導尿カテーテル

そ…
そんな
ムリですっ！
お嫁さん
ヘルパーの資格
持ってるんでしょ？
だったら
大丈夫よ〜
ヘルパーっていっても
資格だけで
経験ないし…
夫のモノだって
もう何年も
触ってないのに
そんなの
ムリですーーっっ
↑
病棟中に
響く叫び声
ちゃんと
私が
やり方教えて
練習するから
大丈夫よ
えっ
練習？
いきなり
ひとりでやれ
なんて
そんなムリなこと
言わないわよー
ねっ？
…練習して
慣れてからなら
何とか
なるかも…
でしょ？
じゃ
練習
しましょー
シャーーッ
…が
練習台は
くまパパ本人の
○○○○なの
でした……
ムリ…
ムリ…

半ダース介護
1/2
その5
術後排尿ができなくなり
ただいまー
尿バッグを手みやげに退院した夫の養父くまパパ
紙袋の中に尿バッグを入れている
最初は
ずんっ
私がこの管をパパの○○○○に入れておしっこを出すの…!!?
ムリムリムリムリっっ
…と焦りましたが
管は看護師が入れます
留置カテーテルで24時間入れっぱなしなんですよ
4週間後に新しい管と交換しに来てください
ホッ
じゃ家庭でやることは?
簡単です!
3つだけ!!
①尿バッグにたまった尿を捨てること
チャ〜〜っ

※留置カテーテルの尿道口の消毒は、病院や介護施設によって方針が異なり、消毒する場合と消毒しない場合があります。

…と自分を奮い立たせて挑んだシモの介護初日
消毒しますよー
ずりっ
象さんきれいにしましょーねー
初めてご対面したくまパパの象さんは…
目つきわるい
老象
か…っかわいくない…っ
やっぱり触りたくないっっ
でも私がやらなきゃ…‼
むんずっっっ
初めてのシモ介護は気まず――――い沈黙タイムになってしまいました…
ふきふき
ふきふき
そしてその日からくまパパの象さん問題で私の生活はふりまわされてしまうのです…
象さん…いや尿がーっ
夜中
今行きます〜

半ダース介護 その6
1/2
くまパパの
シモの介護が
スタートして
1週間
毎日の
象さんの
消毒にも
ようやく
慣れてきた私
カテーテルの
消毒しますよ
横になって
ください
慣れたとはいえ
ホームドラマや
介護関連CMのような
なごやかムードは
なく
きれいに
してもらって
気持ち
いいよ
ありがとう
大切な
家族のため
ですから♡
くまパパの
象さん
消毒タイムは
ハイっ
ズボンを
ずらす
かけ声と
ともに
ちょっと
下半身を
うかす
ハイっ
にぎる
ハイっ
拭く

ハイハイ
ハイ
ハイ
ハイっ
テープとる
テープ貼る
象さんをパンツにしまう
ズボンあげる
服なおす
まるで餅つきしているような
光景でした
くまパパが気まずそうにしているのではじめは
何か会話して気持ちをやわらげてあげた方がいいのかな…
…と思いましたが
夫の養父の象さんを握りながら
今日はお天気いいですねー
なんて世間話もできないし
おっ今日の象さん血色がいいですね！
なんて言われても困るだろうし
介護されるくまパパも
下半身丸出しの姿で嫁に話しかけられたくないだろうし…
…
…
…
終始無言
その間顔をそむけている
1秒でも速く終わらせるのが
私のくまパパへの思いやりだったのです
ハイ
ハイ
ハイ
ハイ
ハイ

恥ずかしいのかくまパパは一回も
ありがとう
…と言ってくれませんでしたが
おしっこは自分でトイレに流せる！
ヨタヨタ…
風呂もひとりで入れる！
自分でできることはやることで何とかプライドを保とうとしてるのかな…
チャ〜
……が
びしょ〜
ハルコさんっパパがおしっここぼしちゃってトイレが洪水に……！
くまパパの妻
美ママ
ハルコさんっパパが湯舟に尿バッグ落としちゃった〜
私に任せてもらった方が楽だったかも〜…
くまパパのシモの話はまだまだ続きます

半ダース介護 1/2 その7
くまパパの餅つきシモ消毒がすっかり日課になった私
ハイハイハイハイっ
シモの世話のため くまパパ宅に ほぼ毎日 通うように なりました
シモレンジャー ハルコ 本日も 元気に 出動いたします!
自宅⇔くまパパ宅は自転車で15分の距離
いってらっしゃ〜い
夫
中学生になった娘
くまパパは妻・美ママとふたり暮らしです
どうして奥さんが介護しないの?
……と聞かれることもありますが
美人で若々しかった美ママはくまパパが倒れてから持病の不安障害が悪化し
パパが倒れた… パパが入院した…
どうしよう どうしよう…
あっという間に
歩行困難の高齢マダムになってしまったのです
ハルコさん歩けない…
足に力が入らない…
不安障害の影響らしい

だからくまパパの介護の合間に
家中に手すりをつけ
グイ〜〜ン
外歩き用のシルバーカーを買って
外に出て歩かないとますます体が弱るから
なるべく外に出てくださいね♡
毎日のごはんは高齢者用宅配弁当をたのんだり
お届けでーす
私が差し入れしたりしていました
今日の夕飯多めに作ったからおすそわけしますねー
ハルコさんいつもありがとう
買い物も料理もできなくなっちゃったから助かるわー♡
ハルコさんだけが頼りよ〜
だから明日もお願いね♡
「神様仏様ハルコ様」だわ〜♡♡
いえいえ〜
…とかわいいことを言ってくれるのですが

……でもね 美ママって…… ナゾが多い
ミステリアス～な 高齢マダム なんです………
近所で用事が あったから 寄ってみました～
突然 家に行くと
まだ 手すりを つけていない 2階の部屋に 美ママが いたり
ここまで 這ってきたの！
フレンチ トーストを 焼いた形跡が あったり
リビングに なぜか ツイスターの マットが 広げられて いたり
そういえば ハルコさんの 美人の姑さん
きのう 新しくできた モールで ショッピング してたわよ
シャキシャキ 歩いてて いつ見ても 若々しいよね～
そんな 美ママの「ナゾ」は くまパパの介護が 進むにつれて ダークな世界に 入っていくのですが…
その話は また いずれ……

半ダース介護 その8
1/2
くまパパのシモのお世話で困ったのは
まだシモの話が続きます…
おしっこの臭いでした…
部屋中がおしっこ臭いいいい……っ
尿バッグにたまった尿は一日に2～3回トイレに流して捨てますが
たまり始めの新鮮な尿は無臭なのに
チョロ
チョロ…
1時間くらい経つと
なんか臭う……
くんくん
もっと経つと
むわ～ん
息とめてる
はっきりとしたアンモニア臭に変わっていくのでした

※・くまパパは末期の前立腺がん

シモのお世話の時にはアロマオイルを垂らしたマスクを着けるようにすると…
リバースすることはなくなりました
大人のおしっこの臭いがこんなにキョーレツだったとは…
介護ってやってみないとわからないことが多いんだなあ…
他に介護して初めてわかったのは尿の色が変わること
今日は黄色
キケン キケン
今日は白色
今日は青か〜
えっ青…っ!!?
心配になってまた聞きに行った
尿バッグのプラスチック成分に反応しただけだから大丈夫ですよ〜
感染症じゃないから「紫色尿バッグ症候群」ですね〜
ホントにある名称
今日はピンク！私のラッキーカラーです〜♡
わーい♡
よかったね…
こんなことを言ってないとやってられないのも
介護をしてみて初めてわかったことでした

インタビュー その1

吉川羊子さん

小牧市民病院泌尿器科・
排尿ケアセンター部長

「介護＝排泄の世話」と言っても過言ではないほど切り離せない問題なのに、なぜか話題にしにくい排泄問題。

愛知県小牧市民病院の泌尿器科医である吉川医師に、介護と排泄について聞いてみました。

井上　さっそくですが、泌尿器科医としてハルコさんの介護をどう思われましたか？

吉川　義父であるくまパパの下（シモ）の世話を、嫁であるハルコさんがあそこまでよくやったな、というのが正直な感想です。それでも彼女の実際の介護には漫画には描けない、大変なことがもっとあったんじゃないかと思いますが……。

井上　実はそうなんですよ（笑）。取材させてもらっても描けなかった生々しい体験や、嫁としてのご苦労は他にもたくさんありました。

――「介護は家族で」と背負いがち

吉川　客観的に見て大変そうな状況でも、社会にはまだまだ「介護は家族がするべき」という意識がありますからね。それで苦しくなっちゃう人が多いと思います。

食事や入浴などの日常生活介助、アクティビティ、精神的なケア、身なりを整える「整容」など介護にもいろいろあって、当然だけど家族には全部はできません。医学的に介護者の「介護負担尺度」を図る評価法があるんですが、その調査によると、排泄の問題を抱えている高齢者を介護している人と、自力でトイレができる高齢者を介護している人を比べると、前者の方が圧倒的に介護負担が高く、精神的疲弊感や身体的疲労感を訴えるケースが多いことがわかっているんです。

井上 排泄ってそこまで影響があるんですね。

吉川 排泄のケアは単純に手間がかかるし、心理的に抵抗があったり、臭いの問題があったりするでしょう? でも逆にプロはそこが腕の見せ所なんですよ。

例えば看護師やヘルパーさんなどは陰部洗浄ひとつとっても、いかに皮膚への負担を軽減しながら、限られた医療資材で、臭いを残さず、短時間に、本人に気持ち良さを感じてもらえるケアができるか? という職人意識がある。

プロにとっては「排泄ケア」であって「シモの世話」ではないんですよ。

井上 え? どういう違いがあるんですか?

吉川 「綺麗になればいい」「汚れたところを拭けばいい」というシンプルな作業ではないということです。

プロはただオムツを替えるだけではなく、「現在のケアで将来的に障害が出ないか?」「日常動作に支障がないか?」「改善できるところはあるか?」と、常に観察しながらケアしているんです。

――何年続くかわからない介護の苦しさ

吉川 もちろん家族の「お世話」は大切です。だけど子どもの排泄の世話だったら、いつか本人ができるようになって手がかからなくなるけれど、高齢者はそうじゃない。いつまで続くかわからないから精神的に消耗してしまう。排泄のお世話は家族が長期間担うには大変な労働だと思います。

井上 くまパパは排尿のための管が頻繁につまって、介護していたハルコさんも大変そうでしたが、自力で排尿できなくなると管を入れなきゃいけないんですか?

吉川 実際には、医師は患者さんに、まずは「間欠自己導尿」ができるか検討します。自分の尿道口に細い管を入れて排尿することですね。それができれば、管を入れっぱなしの状態より尿路感染のリスクが減るし、患者さんの日常動作への影響も、家族の精神的負担も減ります。中には90歳の男性患者さんが自己導尿を実践しているケースもあります。

くまパパの場合は前立腺がんだったから、尿道が狭くなってしまい、管が入りにくく自己導尿を断念したのかもしれませんが……。自己導尿なら、家族は道具を揃えてあげて、声をかけてあげたり、必要であれば見守りをしてあげれば良いので、家庭での介護はずいぶん楽になると思います。家族が直接触ることもないし、おしっこの臭いも軽減しますし。

ADL（日常生活動作）によりますが、本人ができることは、できるだけ自分でやるようにするのが、本人にも介護している家族にも良いと思うんです。それが難しければ、訪問看護師さんや、デイサービスで導尿してもらって、家族は緊急対応だけするとか。

排尿にもいろいろな方法があって、それぞれにメリットデメリットがあるんですよ。

井上 なるほど。排泄のことって、実は知らないことが多いんですね。

——異性の義父母はハードルが上がる

吉川 そして排泄の世話は、相手が誰なのか？によってかなり精神的負担が異なるというのも、盲点の一つかもしれません。つまり介護する相手が夫（妻）なのか、実の親なのか、義理の親なのか。義理の親でも異性なのか、同性なのかによって排泄のお世話に違う苦労があるし、限界も違う。

理想を言えば、家族はそこに労力を費やして疲弊するのではなく、上手にプロを利用して他のお世話に力を使ってあげられるといいですよね。

井上 取材をした時は、くまパパの色付きの尿にビックリしましたが（笑）。

吉川 「紫色尿バッグ症候群」ですね。皆さんビックりされますが、尿バッグの材質と尿が化学反応を起こしているためなので、熱や感染の症状がなければ慌てて受診する必要はありません。尿の色が変わった時は概ね便秘がちなので「便秘のサイン」と受け取って、便秘を改善してあげることが必要な場合もあります。

井上　「便秘のサイン」は知りませんでした。そういうことをかかりつけの病院で指導してもらえるといいですね。

吉川　排泄問題の対応に関しては、まだまだ病院や医師、自治体によって非常に差があるんです。だから家族や本人が積極的に知識を得ることが大切。遠慮せず、専門医や介護のプロにどんどん相談して欲しいです。

↑飲食店でも排泄談義する
吉川先生

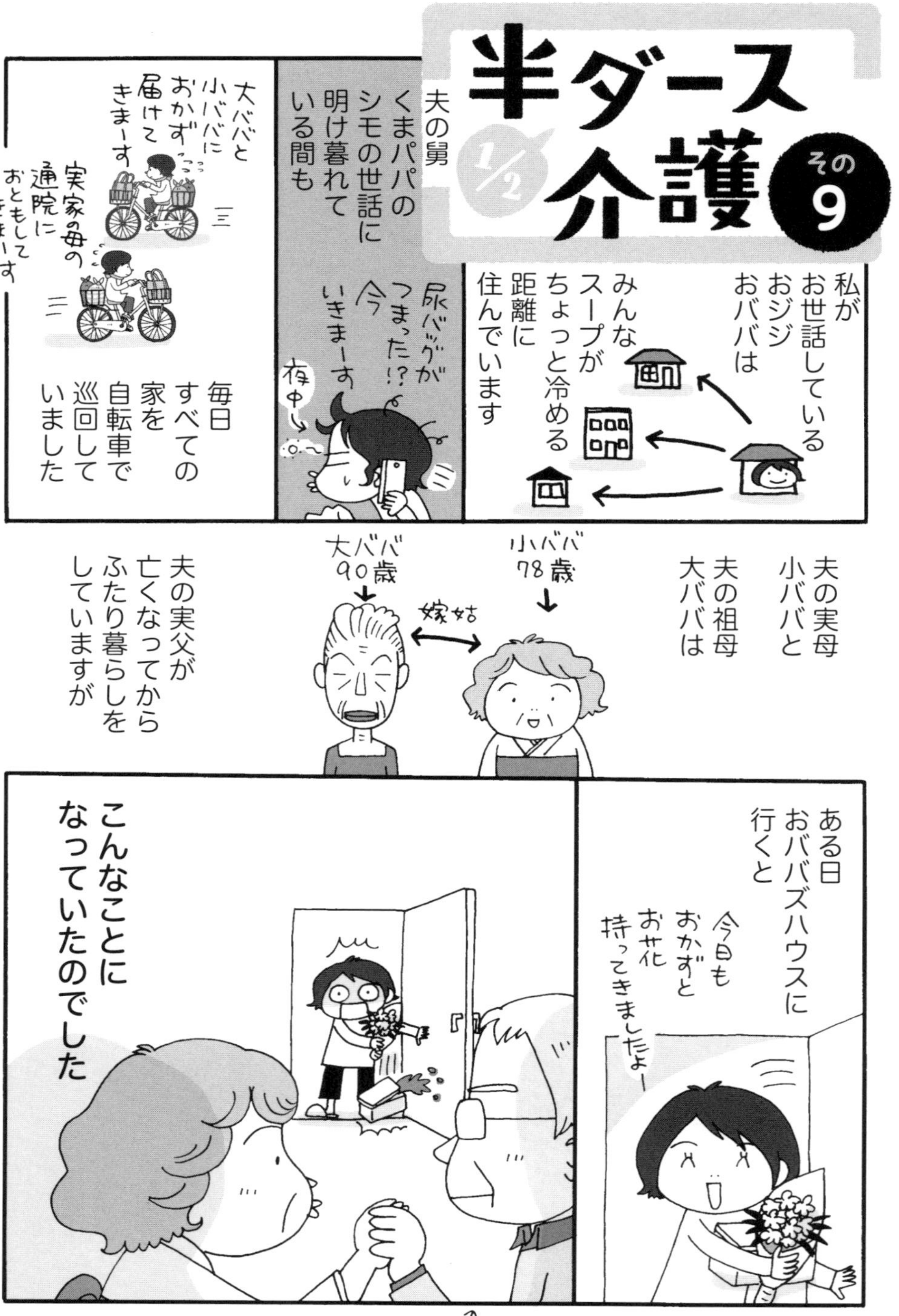
半ダース介護 その9
1/2
私がお世話しているおジジおババはみんなスープがちょっと冷める距離に住んでいます
夫の舅くまパパのシモの世話に明け暮れている間も
尿バッグがつまった!? 今いきまーす
夜中
大ババと小ババにおかず届けてきまーす
実家の母の通院におともしてきまーす
毎日すべての家を自転車で巡回していました
夫の実母小ババと夫の祖母大ババは
小ババ 78歳
嫁姑
大ババ 90歳
夫の実父が亡くなってからふたり暮らしをしていますが
ある日おババズハウスに行くと
今日もおかずとお花持ってきましたよー
こんなことになっていたのでした
知らないおじいさん

こっ
ハババに彼氏が…っ?!!
いや〜ね〜
ハルコさん
違うのよ〜
あの人
ご近所の方
なんだけど
奥さんの
具合が悪いって
いうから
お大事に♡
お花
届けたり
おかずを
分けてあげたり
していたら…
私と
つきあって
ください!
ギュッ
…って
告白され
ちゃったの〜
キャッ♡
ハババが
不倫…!!?
しかも
私が持ってきた
おかずと
お花でっっ
ハルコさん
知らなかったの?
この人
息子が
亡くなってから
モテモテ
なのよ〜

昨日も若い人が来てたし
ラジオ体操いっしょに行きましょう!
65歳くらい
大ババから見ると若い人
先週も
カラオケいっしょに行きましょう!
朝10時
そ…そうか〜高齢者だから油断してたけど70代でも未亡人になったとたんモテるのか〜
巡回の回数を増やして目を光らせておかなきゃ……
…がその数日後巡回に行ってみると…
お義母さーん
お気に入りのお菓子買ってきましたよーーー
小ババがどこかのおじいさんに壁ドン!?
ついに小ババ(78)の恋愛問題がボッパツしてしまったのでした

半ダース介護
1/2
その10
78歳にして彼氏ができた
夫の実母小ババ
娘には悪い虫がつかないように注意していたのに……
盲点だった〜〜
高校生になった娘
ヤケ酒
たしかにホームヘルパー講座の最終日に講師にこう言われたけれど
最後に皆さんに大事なことを言っておきます…
介護の現場では
高齢者の性の問題は避けて通れません…!!
落石注意!
その時はピンとこなかったけど
え〜っ高齢者の性〜〜?
へらへらっ
私だって枯れてるのにうちの大ババ小ババには関係ない話だわ〜
こ…これだったのか〜〜
甘かった…

しかし高齢者の恋バナで悩んでいるのはうちだけではないらしく
うちの母もデイケアセンターに好きな人がいるみたいなの
友人とのランチ会
父は10年前に亡くなってるんだけど…
手品が趣味でデイに通うおばあちゃん達に人気があるおじいちゃんらしいけど
キャーすてきーっ
ファンが多い
でもいつも奥さんが見送ってくれてて夫婦仲良さそうだから「好き」なんて言えないの〜
いってくるよー
いってらっしゃーい
ひまわりケア
…って悩んでるの
かわいーっ女子高生みたいー
うちの義母はカラオケサークルで知り合った人と仲良くなって…
やっぱりカラオケ!?
この前サークルの人達との1泊2日のバス旅行があったんだけど
何着ていこうかしらウキウキするわー
なぜか勝負下着を新調してたわ……
ウキウキするわ〜

介護施設に入所している私の80歳の義父は面会に行った時に
あっ Sさんの部屋今 入っちゃダメですっ！
スタッフ
さっき70歳くらいの女性が面会に来られて
2時間ほど入らないでいただける？
それって……そういうこと……？
ドアなし
カーテン1枚
…S様
……
……
……
なんとな〜く色っぽい気配がする
…………だと思います……
…てことはうちの小ババも…
あんなこともこんなこともしちゃってるってこと………？
赤面……
……のち
青ざめ〜っ
すみませんビール一つ
介護って昼間っから飲まずにはやってられない時あるわよね〜…
わかる わかる

半ダース介護 1/2 その11

あのヒトに食べさせてあげるの♡
せっせせっせ
こんなにっ!?
自分の姑が他のおじいさんといちゃいちゃしてる姿を見るのはイヤだけど……
別に結婚するわけじゃないし
小ババがそれで元気出るならいいのかな…
…と思うように心がけても頭に浮かぶのは舅のこと
自分が亡くなって妻に彼氏ができたこと…
お義父さんどう思ってるんだろう……
しかも仏壇がある家でデートしてるなんて…
お義父さん…最後に松茸が食べたいって言うから
松茸入りの茶碗蒸し作って食べさせてあげたっけ…
ああおいしい…ありがとう
あちこちにがんが転移して寝たきりになっても
ハルコさん今日もチャーミングだね♡
ダンディーで明るかった舅……

若い頃からダンスが得意で
シルバー向けのダンス教室で人気者だった舅……
次踊って下さい～♡
あらっ次は私よーっ
人気者すぎて
女性問題が多かった舅………
キーーッ
パパにまた女の人が…っ!!
もう家出る!!
そうだったそうだった
そのたびに小ババがプチ家出して大変だったなあ…
チンチン
チーーン
これでおあいこだと思って小ババのこと許してあげてくださいねっ
……とようやく姑の恋を受け入れる気持ちになったとき
まりこさ～ん♡
まりこさん…？

まりこさん この肉じゃが おいしいねえ
肉じゃがじゃない
まりこさんは やっぱり 赤いワンピースが 一番似合うねえ
キャッ♡
まりこさんじゃない
ワンピじゃない
赤でもない
あの～…… お義母さん 「まりこさん」って 呼ばれて ますけど…？
そーなの まりこって
彼の 初恋の人の 名前なん ですって
へ
っ?!
このヒト 認知症なの～
でも私 ぜんっぜん 気にして ないの♡
うふっ♡
姑の恋は こうして ずんずんと 深みに はまりこんで いくのでした……
うふ♡ ……って ……

半ダース介護 1/2 その12
母さんに新しくできた彼が認知症!?
このニュースでパニックになったわが家
← 夫の実母 小ババ
今カレ→
彼がいて母さんに元気が出るなら適度なつきあいはいいと思っていたけど…
小ばあちゃんにあやかりたいと思っていたけど…
彼氏→ いない娘
認知症かぁ〜………
どうしよう——…
彼氏の認知症が進んだらどうするんだろう?
まさか結婚して彼氏の世話するって言い出したりしないよね…?
でも万年少女の小ばあちゃんなら言いそう…
そうなったらママが世話するおジジがもうひとり増えるの…?
たぶん小ばあちゃんじゃ世話できないだろうし…
NO——っっっ!!!

そうなったら…
大ババは
どうなるの？
大ババ90歳
小ババと
2人暮らし
あの家で
彼と
小ババと
3人暮らし
するの…？
それとも
小ババが
出ていって
大ババが
ひとり暮らしに…？
なぜか
宮殿
90歳で
ひとり暮らし
かぁ〜…
どうすれば〜〜〜
しかし
当の大ババは
嫁の彼氏が
認知症？
ふっ
大丈夫よっ
だって
あの彼
きましたよー
ほとんど毎日
ここに
逢い引きに
来るけど
家を
覚えてるから
まだそんなに
重い認知症じゃ
なさそうだし
まりこさん
くず湯
ありがとう
まりこ
さんじゃ
ない
コーヒー

家の中でいちゃいちゃしてる音は聞こえるけど
音聞こえるんですかっ
わたしゃよく見えないからふたりのことは気にならないし
ぷか～～っ
いちゃいちゃ
だけどねわたしゃ不思議なことに
請求書とか貯金通帳の数字だけはよく見えてね…
昔っから嫁の金の遣い道には目を光らせていたけど…
まだ彼氏に金つぎこんでいる気配はないから
大丈夫よっ
ぷかーーっ
金遣いが荒くなってから心配おしっ
おおすごい説得力!!!
大ババは90歳だけどスーパー自立シニアで
「デイケアセンター」?
デイケアセンター
そんな所老人ばっかだからわたしゃ行かないよっ

月に一度は美容院に行っていつもきれいにしているし
自分のお茶はテ●ファールでちゃっちゃとお湯を沸かしていれているし
ジャー
ポンッ
シュポポポ
しっかりしてるのわかってるけど…
そろそろお風呂に入るときにお手伝いしましょうか？
すべったらこわいしい
鶏ガラみたいなカラダ見られるのわたしゃはずかしい～
やだん
だから一人で入るのん
4人いるおババの中で一番足腰が丈夫で一番手がかからないチャンピオンは
90歳の大ババーっっ!!!
…がそんなスーパー自立シニアな大ババも
歳に勝てない時がやってくるのでした…
それはまたのお話…

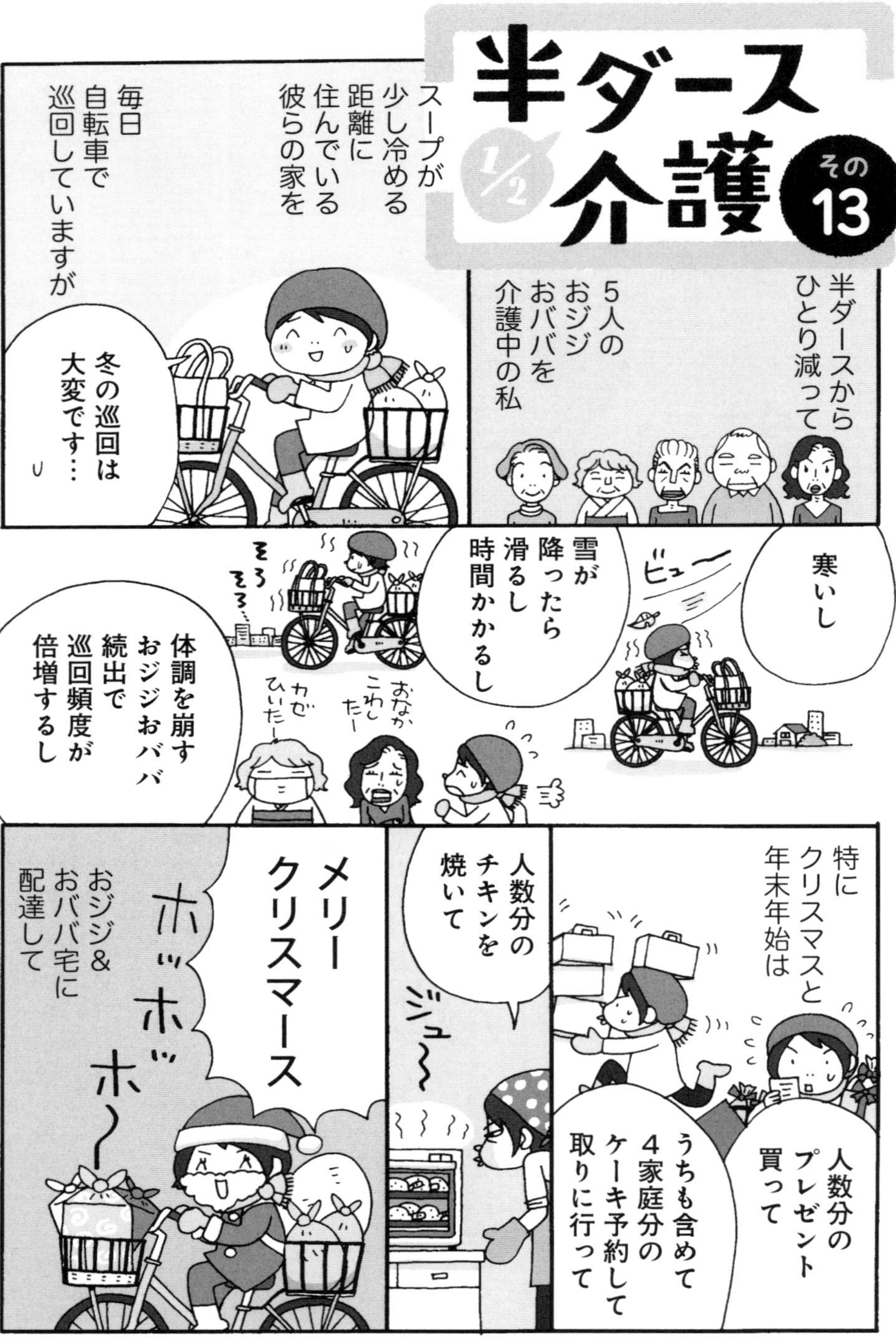
半ダース介護 その13
1/2
半ダースからひとり減って
5人のおジジおババを介護中の私
スープが少し冷める距離に住んでいる彼らの家を
毎日自転車で巡回していますが
冬の巡回は大変です…
寒いし
ビュ〜
雪が降ったら滑るし時間かかるし
そろそろ…
体調を崩すおジジおババ続出で巡回頻度が倍増するし
おなかこわしたー
カゼひいたー
特にクリスマスと年末年始は
人数分のプレゼント買って
うちも含めて4家庭分のケーキ予約して取りに行って
人数分のチキンを焼いて
ジュ〜
メリークリスマース
ホッホッホ〜
おジジ&おババ宅に配達して

それが終わったらすぐに正月の準備
今年の年賀状は50枚お願いね
うちは150枚
うちは200枚ねー
年賀状を買いに行って
うちの含めて…600枚下さい!
はいよー
おジジおババの写真を撮って
ハイスマイルー
自宅で印刷して
ガ〜ガ〜
ぐーぐー
巡回配達して
へいおまちっ
鏡餅と正月飾り買ってきました〜
玄関の掃除もしておきましたよ♡
年越しそばとおせち持ってきました〜
…と自宅を含め4家庭を大巡回する
ぐる
ノンストップメリーゴーランドな毎日なのです
ぐる
ぐる
ぐるるる
しかも毎日ヘトヘトになるまで働いても
仕事じゃないから報酬はゼロ……
逆に
巡回すればするほどお金が出ていきます…(涙)

いつも悪いわねー
ハイ これ ちょっとだけど おこづかい
たま〜に私のお財布を心配してくれるおババがいますが
わくわく
ピリ〜っ
いくらくれたんだろ〜?
ホントに「おこづかい」だったりします
500
でもその気持ちがうれしいよね…
9月の敬老の日は
年寄り扱いされるのイヤだから大げさなことはしないでね!
…と言われてホッとしていると
ホッ
うちの嫁 敬老の日に何もしてくれないのよ…
さみしい世の中になっちまったねぇ…
…とグチを言われるので
ある年の敬老の日は全員に脳トレのドリルを配ってみましたが
一人ずつ好みを考えて選んでみましたー♡
ずっしり

私の大好きな百人一首が入ってる…！
ありがとう！ドリルするの楽しみだわ♡
ハルコの実母
ボケてみんなに迷惑かけないためにやらなきゃねっ
大ババ（夫の祖母）
……んっ
夫の養父くまパパ
無反応
でもきっとやってくれる
いまさらドリルなんてやっても……
← 夫の養母
ええ〜めんどくさ〜い
夫の実母 →
全員同じようにしても違う反応が返ってくるので
時々心が折れます…
行事も「○○の日」もキライだ……
なぜ日本はこんなに「○○の日」が多いのよ…
それでも
あ〜今年の父の日と母の日何しよう〜
その前にそろそろ恵方巻きの時期だわ〜
今のうちにのりだけ買っとこう…
無意識に体が動いてしまう私なのでした。

インタビュー その2

安田まゆみさん

「元気が出る
お金の相談所」所長

介護のお金問題は最も気になる問題の一つ。なのに当事者間では「そうなった時に考えればいい」と先延ばしにされがちです。ではどうすればいい？

ファイナンシャルプランナーの安田まゆみさんに質問してみました。

井上 介護のお金問題について、将来介護をする家族が準備しておくべきことは？

安田 まずは「事前に家族で話し合うこと」ですね。ハルコさんは6人もの親の介護に突然ポンっと投げ込まれてしまったでしょう？　そういう人って現実に多いけれど、本当は親が元気なうちに話し合っておかないといけないんです。親自身はどんな介護を望んでいるのか、誰が何を担当するのか。そして遺産を含むお金のことも。

だけど現実には、「まだ親が元気なのに、お金のことを話すのはいやらしい」と話題にも出せないことが多いんですね。

そしていざ介護が始まると、時間的にも精神的にも余裕がなくなって話し合えず、結局一番身近にいる人が犠牲になってしまう。犠牲になるのは娘や息子の世代だけではなく、孫に及ぶこともあるんですよ。

井上 孫もですか？

安田 親の介護をする年代を考えると、一般的に孫は高校生とか大学生くらい。せっかく子どものために準備していた教育費を、介護費用として取り崩さなければならない状況も考えられますよね。このように、「予測できる親の介護」が「不意打ち」になってしまうと、残念なことになってしまうケースが多いんです。

井上　具体的にどんなことを話し合っておくべきですか？

安田　まず親のお金を開示してもらうことです。どの銀行にどれだけあるのか。

井上　うーん、それって、実の親でも聞きにくいかも……。

――親の預金額を知るには？

安田　「今すぐ教えて」とは言いにくいですよね。そういう場合は「万一に備えて、キャッシュカードの暗証番号を書いた紙を封筒に入れて、決めた場所に保管しておいて。その保管場所を教えて」という頼み方があります。「お母さんやお父さんが倒れた時に開封するからね」と。できれば目の前で書いてもらって、封をして、保管するところまで立ち会えると安心ですね。

井上　なるほど。それなら親も納得してくれそうですね。

安田　介護の話し合いの際に、まず親に理解してもらいたいのは「自分たちは人的援助をするつもりでいる」ということ。そして「経済的な援助もするけれど、自分たちの生活もあるから、お父さん、お母さんのお金が使えると助かるんだよ」と相互理解を得るのが理想です。そういうことは元気でお互いに余裕がある時じゃないと話し合えません。

家庭によっては、綺麗事では済まされず、喧嘩になってしまうかもしれないでしょうが、話し合っておかないと、後々誰かが犠牲になって兄弟姉妹を恨んでしまい、争うことになってしまうこともあります。介護がきっかけで相続問題に発展する家庭って意外に多いんですよ。

――親の介護で体調を崩したら？

安田　例えばハルコさんのケースで言えば、ハルコさんは一人で複数の親を介護をするために、ヘルパーの資格を取得し、「うちで働かない？」って誘われながらも、働きに出ませんでしたよね。それに彼女は介護に没頭するあまり健康を害してしまった。彼女が働きに出られなかった経済的損失と、彼女が負担しなければならなかった医療費の経済的負担は、誰が保障してくれるんですか？っていう話になってしまうわけです。

井上 シビアな問題ですね……。

安田 だからこそ事前の話し合いが不可欠なんです。

——半ダース介護、外注したらいくら？

井上 実際にハルコさんの介護を、誰かに有償で委託した場合、総額はどれくらいなんでしょうか？

安田 ハルコさんのお宅の場合は、介護保険が適用される部分と自費の部分が混在しているかと思います。それに介護するお父さんお母さんの体調や病状によって、あまりお金がかからなかった月と、高額になった月があるかと思いますが、それらを含めて介護にかかるお金は一般的には平均で月7～8万円と言われています（公益財団法人生命保険文化センター「生命保険に関する全国実態調査」平成30年度）。

同調査では、一時的にかかるお金の平均額が69万円なので、月額×介護期間（月）＋69万円として、ハルコさんがお世話した全員の介護費用を計算すると……。

お金の問題と心の問題はつながっているんです。
だから私は「マネーセラピスト」って肩書きをつけているんです。

↑お金の相談をしていても重い雰囲気にならないお茶目な安田先生

井上　えーっと……パチパチ（電卓で計算中）……
……約5700万円!?

介護にかかるお金の算出方法

月額（7〜8万円）**×介護期間**（月）
＋69万円（一時的にかかるお金）

安田　マンションを1室買って、ちょっと豪華な夫婦旅ができちゃいますね（笑）。
ハルコさんの場合は家庭の事情があって、親の人数が6人と規格外ですが、現代は少子化でひとりっ子同士の夫婦も少なくないでしょう？　そうなると夫婦ふたりで4人の親の介護をしなくてはならない。介護にかかるお金って切実な問題なんですよ。
兄弟姉妹がいて、親の介護を分担できる状況にあっても、介護はその後の人間関係に大きく影響する。そういう家庭をたくさん見てきました。だから心して取り掛かって欲しいんです。

——親の介護は「親の財布」から

井上　「家族信託」も事前に話し合っておくと不安感なく介護が進められますよね。私自身も体験して痛感しました。

安田　私が書いた『人生100年時代！　しあわせ老後計画』（ビジネス教育出版社）も、よかったら参考にしてください。
「親の介護は親の費用で賄う」を基本にして、介護中も自分自身の人生を大切にできる人が増えることを願っています。

半ダース介護
1/2
その14
先日 おババ3人が 白内障の手術を受けました
夫の養母↓
夫の祖母(大ババ)↓
ハルコの実母↓
えっ 最近の白内障手術って日帰りなんですか!?
じゃ 3人まとめて同じ日に手術してください
…と かかりつけ医に頼んでみましたが
気持ちはわかりますが 予約がいっぱいで同じ日はムリです
その代わり 術後の通院は同じ日にできるようにしますから
…ということで おババズは2班に分かれて2日連続で手術を受け
1班
2班
術後保護メガネ
術後翌日から全員一緒に通院することになりました
まずは車で おババズの家をまわって ひとりずつピックアップして
お迎えにきましたよー
足元に気をつけてー

診察券と保険証とくすり手帳を回収し
集めますよー
おババ一行を外来に連れて行って
こっちですよー
段差に気をつけて！
受付
3人分の受付を代行し
お願いしますっ
3人の診察につきそって
気になることはありますか？
いえ〜ぜんぜん〜
左目のかゆみがあるそうです！
3人分の会計を済ませて
おつとめごくろう様です
3人から預かってる治療費袋
5
おババズに水分補給をさせて
今日はカモミールをいれてきましたー
車でそれぞれの家に送り届けて
医者から言われた注意事項を伝えて
今日から洗顔はOK！
でもアイメークはまだダメですよ

みなさん 次は あさっての 朝8時頃に 迎えに 来ますから！
次の通院の 集合時間を 伝えて
21日 8:00
忘れるのでメモも渡す
白内障ツアー おババズツアー
気分は まるで…
シニア旅行の ツアコン(古)！
ひとりでは 危なっかしい おババ3人 連れて 行動するのは 疲れるけど
違う時期に バラバラに 通院してたら もっと大変 だったよね…
それに 白内障ツアー メンバーの おババ達も 楽しそうで
キャッ キャッ
奥さん アメ いりません？
あら～ おいしそう♡ いただきます～
手術して 視界が明るく なりましたよね～
化粧するとき 自分の顔が よく見えて 助かるわ～♡
今まで どんな化粧 してたのか 考えると 怖いわよねー♡
キャッ キャッ
ホント ホント
まるで 女子高生の ようです

でも
女子高生と
違うのは
車内に
漂う香りが
昔の
パーマ屋さん
みたいな香りの
香水だったり
防虫剤の
臭いだったり
あら〜
ステキな服♡
昔の服
ひっぱりだして
きたの〜♡
加齢臭
だったり
むんっ
時には
アンモニア臭
だったり
することです…
むわん〜っ
高齢になると
トイレで
ちゃんと
拭けないことが
あるからね…
その後
おババズの回復は
順調に進み
術後通院は
一ヶ月に一度に
なりました
こんな風に
みんな同時に
同じ病気に
なってくれたら
いっぺんに
治療できて
ラクなのにな〜
カゼも
インフルエンザも
関節痛も…
…なんて
妄想しつつ
ツアコン
ハルコは
そろそろ
通常業務に
戻ります
通常スタイル
巡回に
行って
きまーす

半ダース介護 その15

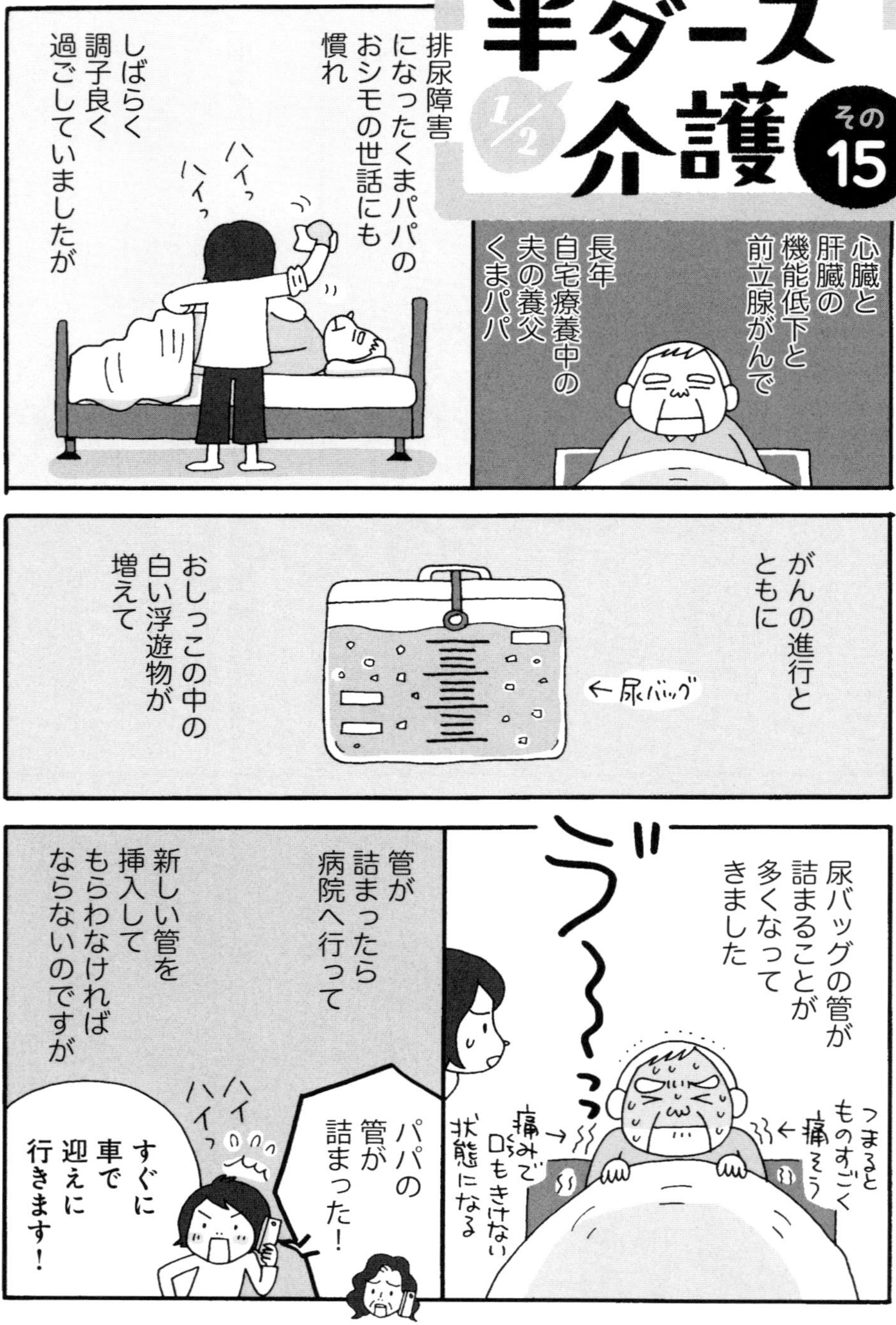
1/2
心臓と肝臓の機能低下と前立腺がんで
長年自宅療養中の夫の養父くまパパ
排尿障害になったくまパパのおシモの世話にも慣れ
しばらく調子良く過ごしていましたが
ハイっ ハイっ
がんの進行とともに
←尿バッグ
おしっこの中の白い浮遊物が増えて
尿バッグの管が詰まることが多くなってきました
う゛〜〜っ
つまるとものすごく痛そう←
痛み→で口もきけない状態になる
管が詰まったら病院へ行って
新しい管を挿入してもらわなければならないのですが
パパの管が詰まった！
ハイっ ハイっ
すぐに車で迎えに行きます！

パパの管が詰まった！
ハイハイっ
ガバッ
夜11時半↓
パパの詰まった！
ハイっ
夜12時↓
パパつまっ
…
夜11時↓
……なぜくまパパのおしっこの管は夜中に限って詰まるんだろう……
出動してきます……
いってらっしゃーい
…
娘→
そして痛がるくまパパをかついで
夜間救急の病院へ行きますよ！
う〜〜…
…
よいしょよいしょっ
がんばって車に乗って！
尿バッグ
何とか車に乗せると
ふ〜
夜中にひとりで家にいるのイヤ！
私も一緒に行く！

高齢者×2＠夜間救急
想像図
歩行困難の美ママ
痛みで歩けないくまパパ
ハァ
ハァ
両手に花 高齢者
ム…っ
ムリムリ!!
すぐに帰ってくるから家にいてください！
夜中の病院は寒いしいろんな感染症の人がいるし
ねっ
ねっ
美ママをなだめて病院へ向かい
処置をしてもらって
パパパパパパ
はやわざ看護師さん
ケロッ
治った！帰ろう！
くまパパを連れて帰って
んご～っ
疲れきって爆睡
寝室に運び
ぐ～
ぐ～
治ってもやっぱりかつぐのね～……
ハァ
ハァ
自宅に帰ると
明け方の4時…
パタン…
布団で寝ると朝起きれないからここで仮眠しよう…

夜中の出動が週2回以上あった時はさすがに疲れてしまい
パパまたつまっ!!
週3回目
ガバッ
そんな状態じゃ危ないからタクシーで行っておいで
タクシー代出すからい
夫
ゔ〜
○○総合病院までお願いします
帰りのタクシーでくまパパとふたりで爆睡して
んゴ〜っ
か〜っ
くまパパを送り届け自宅に帰る時
介護は大変だねぇ
うちの母ちゃんも親の介護しててさ
ホラこれ食べな
チロルチョコ
じ〜〜ん…
2センチ四方のチョコに励まされて
明日からまた頑張ろう…
…と思えたあの頃
まだまだ余裕があったのね〜……
この後ハルコのジェットコースター介護が始まるのでした

※骨髄異形成症候群：骨髄中の造血細胞に異常が起き正常な血液細胞がつくられなくなる病気

定期的に輸血や透析している患者さん宅を巡回するバスがありますけど利用します？
しますします！助かります！！
通院日
くまパパバスが来ましたよー
…が乗ってみるとそのバスは…
ハッ
重病人さんだらけ…
どよ〜〜んんん
な…なんか申し訳なくてさらに気持ちが重くなるような……
そして半日がかりの輸血が毎週続くと
ふ〜……
くまパパはみるみる体力を消耗していき
ヘとヘと〜〜……
息するのも苦しい……
帰宅したとたん寝こむ
うーん…骨髄中の芽球の割合が高くなっている…
急性骨髄性白血病に移行する可能性がありますね…
白血病!??

そのうえ腎臓の機能も急激に落ちて
くまパパの顔と体がむくんで2倍になってる…！
パン
パン
でもくまはそのまま
入院して様子をみましょう
ついに入院することになってしまいました
高齢者って一つ病気が出てくると
どんどん弱っていくんだな…
だけど毎週通院するよりも入院してくれた方が
くまパパも私もラクかも…
今のうちに美容室でも行っておこうかしら♡
数ヶ月ぶりにカフェでお茶でもしようかしら♡
白髪放りっぱなし
…と気持ちを切りかえようとしていると…
えっパパが入院？
ダメダメっっ
夜この家にひとりきりなんて私ぜったいダメっっ！

バタンっ
足が…足が…
動かなくなった〜
ハ〜ル〜ゴ〜ざ〜んんんん…
美ママの不安障害まで悪化してしまったのでした
それはまるで
あああぁ〜
くま増量
老夫婦ジェットコースター急降下の図（嫁道づれ）
幸か不幸かくまパパはたった3日で退院することになり
えっもう退院？
高齢者は筋力が衰えやすくて認知症になりやすいから早く退院させられるってホントだったの？
くまパパ帰宅しましたよ〜
これでもう大丈夫ですね♡
バタンっ
私ひとりじゃ夜中にパパの面倒みれない〜
ハ〜ル〜ゴ〜ざ〜んんん…
嫁道づれジェットコースターは続くよ永遠に〜〜♪なのでした

半ダース介護 1/2 その17
入退院をくり返すようになった
夫の養父くまパパ
そのたびに大荷物を運ぶ↓
パパがまた入院!?
たった3日で退院!?
大パニック!!
くまパパの妻→美ママ
繊細な美ママのストレスはどんどん増大し
入退院の手続きと送迎は私が全部するから大丈夫!
パパの入院中はできるだけここに泊まりに来ますから!
ムリ ムリ
ムリ ムリ
ムリ ムリ
ついに…
じゃパパが入院してる間に他のおババ宅を巡回してきますね!
急いで午前中に戻ってきますから
30分後
♫♫~
あっ美ママから電話だ
ハ~ル~~ゴざ~~ん…
どよよ~ん

台所で倒れちゃって体がぜんぜん動かない…
今すぐ助けにぎで〜〜…
少しの時間でもひとりでいることができなくなってしまいました
私きっと悪い病気なんだわ…
病院に連れていって！
今すぐっ!!
しかし病院で検査してもらっても
どこも異常なし！
足も問題ないですよ！
じゃストレスで体が硬くなってるんだわ！
マッサージに連れていって！
今すぐっ!!!
しかしそれでも完全には回復せず
モミ モミ…
モミ モミ…
どこも悪くないのにこんなになるなんて…
きっと原因はアレだわ…
「アレ」？

何か悪いモノに取り憑かれてるのよ…！
お祓いに連れていって
今すぐっ!!!
ほんじゃか
はんじゃか
あああ〜
ゔゔゔ〜
仕方なくネットで探した祈祷師にお祓いしてもらうと
なんか体が軽くなった気がするわ！
何はともあれよかったよかった
家の中ではつえをついて歩けるようになりましたが
一歩外に出ると
体調いいからパパのお見舞い今日は私も行くわ！
ピタッ
急に足が動かなくなった…
ギュ〜
すごい力で握る
だずげでぇぇぇ
いでででで

こうして美ママの足腰は急激に弱ってしまったのです
家の中も歩くの怖い…
一人にしないでー
美ママかわいそう…どうしたらいいの…？
私一人じゃ手がまわらない…
くまパパの入院中は交代で泊まりに行くか…
夫→
パパそうしてあげてー
じゃママの家に行ってきます
よろしくねー
夫の提案で見守り宿泊を始めたその日…
♫♪〜
あっ小ババから電話だ
もしもーし
大変大変ハルコさんっ大ババが…
家出した——っ!!
ええ————っっ!!?
次は大ババの問題がボッパツしたのでした…

半ダース介護 その18

昨日の夜
美容室に行ってくる
…って財布一つ持って家を出たきり戻って来ないの
大ババが家出って…何があったんですか!?
わかんないのよ~
昨日の夜!??
それって家出じゃなくて
出先で何かあって戻って来られないのでは…っ!?
美容室には聞いてみたんですかっ!?
私どこの美容室か知らなくて~
警察に電話はっ!?
私はしようと思ったのよ~
だけど彼氏が~

お義母さん
きっと
気をつかって
ボクらを
ふたりきりに
してくれたんだよ～
って言うんだもーん♡
え～やだぁもう～♡
こんな時に色〇゛〇じーさんとイチャついてる場合ですかーっっ
心の叫び声
でね～彼氏ったらね～
大ババが行きそうな所捜索してみますから家にいてください
私が探している間に大ババが戻って来たらすぐ私に電話してくださいねっ！
え～私今日カラオケ教室なんだけどォ～
今日だけは家の中に色〇゛〇じーさん連れこんでも許すから…
心の叫び声アゲイン
とにかく家にいてくださいっっ!!!
で大ババの行きつけの美容室に電話して
いつものようにカットして帰られましたよ
商店街でタバコ買って帰るっておっしゃってましたけど…
急いで商店街のタバコ屋へ行き
この人来ました？
あーいつものおばあちゃんね
たばこ
公園を散歩するって言ってましたよ

公園前の交番にかけこむと
あ〜
このおばあさんなら様子がおかしかったので昨日保護しましたよ！
よかった〜
名前も自宅の電話番号も思い出せないみたいだったから
お財布の中に診察券かカードが入ってませんか？見せてもらえますか？
はいよっポイントカード！
…が出されたポイントカードはどれも
「マリー」しか書いてない…
マリー
ポイント 75P
マリー
お名前 マリー
というわけで身元がわかるまで高齢者施設でお預かりしていたんです
保護してもらった施設に引き取りに行くと
ケロっ
あらハルコさん遅かったわね
さっ帰るわよっ
いつも通りしっかりした様子で帰宅した大ババ
スタスタスタスタ
道順しっかり覚えている
こっちの方が近道なのよ！

てっきり認知症が始まったかと思ったけど…
違うのかな…
でも大ババも90歳過ぎだし
今後何があるかわからないから住所カードを作っておこう
財布やバッグなど大ババが外出する時に必ず持って行く物の中に忍ばせておくと
タバコケース
2週間後
警察ですがお宅のおばあちゃんを保護しました
迎えに来て下さい!
万一のために住所カード入れておいて良かったわねー
えらいわハルコさん!
ついに認知症の介護に突入か…
…と覚悟を新たにしていると…
警察ですがお宅のおじいさんを保護しました
えっくまパパ!?
入院してるはずだけど…
…と思ったら小ババの彼氏だったのでした…
なんで彼氏の引取り人を私に…っ!!?
ハルコの電話番号が書かれたカード
軽度の認知症
だっていい方法だと思って〜〜♡

半ダース介護 1/2 その19
おジジおババの中で最高齢で一番自立していて手がかからず
月に一度は美容室に行っていつもシャキッとしていた大ババ
夫の祖母
オーバー90歳
認知症の兆候が出始めたとたん
また大ババがいなくなった!
えっまた!!?
入院中のくまパパのお世話中
一人で外出すると決まって迷子になり
住所カードを持っているおばあさんを保護しました
ホッ
すぐ迎えに行きます!
くまパパ戻ってきてから着替えの手伝いするからごめんねーっ
その後家に閉じこもりがちになって
プカ~
身なりも変わり
髪ボサボサ
スリップ一枚
性格も変わってしまいました
イヤだハルちゃん遅~い
何かごはん作ってぇ~
おなかペコペコなの~
「ハルちゃん」!?
「ごはん作ってぇ」?

以前の大ババ
え？ごはんなんて自分でテキトーに何とかするわよ
私を年寄り扱いするんじゃないわよハルコさん！
認知症になると性格が変わることがあると聞いていたけれど
べ…っ
別人になってる……！
どちら様ですか…っ!?
おなかペコペコー
小ババ
ペコペコー
小ババの彼氏
ボクもペコペコー
…小ババの嫁依存は相変わらずだけど…
彼氏まで…
やっぱり病院に連れて行った方がいいよね…
認知症は早めに受診する方がいいって言うもんなあ…
でも本人に何て言おう…
「認知症」なんて言うと病院に行くの拒否されそう…
…と迷っているうちに
こんにちはーっ
おかず作ってきましたよー
ん？家の中がヘンな臭い…

水が入ってないヤカンが火にかかったまま……
強火
鉄が打てそうなくらい真っ赤
真っ赤になってるーっ!!!
大ババの認知症はすごい勢いで進み
(偵察がてら)おかず持ってきましたよー
ハッ
あっハルちゃん!
うちに泥棒が入ったからお巡りさんに来てもらったのよぉ〜
この本に挟んで隠していた3千円がなくなっちゃったのォ〜
泥棒が盗んだんだわっ!!
ま 高齢者にはよくある事例ですから
すみませんすみません
ご本人が納得するために一応調書とっておきました
もう迷ってるヒマはない!
ちょっと病院へ行ってみませんか?
大丈夫だと思うけど検査だけしておいたら安心でしょ?

診断は
やっぱり
認知症でした
心配していた
大ババの
反応は
ありがたや
ありがたや
こんな
大きな病院で
隅々まで
検査して
もらって
私ゃ
幸せ者
だよォ〜
そして
病院の
会計へ向かう
廊下で
➡会
こっち
ですよー
あら
ハルちゃんの
手
冷たいねぇ
冷房で
冷えたのか
ねぇ〜
かわいそうに
私の手
あったかいから
温めて
あげようねぇ〜
ハァ〜…
ハァ〜…
認知症って
こんなに
人が
変わっちゃう
んだ……
まるで
大ババが
いなくなっちゃった
みたい……
鶏ガラのような
やせこけた
大ババの
温かい手に
握られながら
涙が
止まらなかった
のでした……
ハ〜…
ハ〜…

インタビュー その3

安西順子《よりこ》さん

「ひぐらしの家」代表

高齢者介護施設、いざ選ぶとなると「どんなポイントを見れば?」「本当に今が入所のタイミング?」と悩むもの。そんな疑問を投げかけるために、千葉県松戸市の住宅地にある宅老所「ひぐらしの家」を訪問しました。

――いつが入所のタイミング?

安西 ご家族はギリギリまで頑張るんですよ。でもある時にプツッと糸が切れて、駆け込むように入所を決断する人が多いようです。

井上 プツッと。それはどんな時ですか?

安西 歩けなくなったり、便をお漏らししたり、おしっこを部屋のあちこちに散らかしたり。介護のプロはそんな状況にも慣れていて対処できますが、家族はパニックになってしまう。今までひとりでトイレに行けていた人が突然そうなると、本人も焦って自分で始末しようとして、逆に便を広げてしまったりしてね。それを見て「何やってんの、おばあちゃん! 何もしないで!」と咄嗟に叱ってしまって、お互いに傷ついてしまうということが多い。男性の中には、思わず親に手をあげてしまうことも。限界に達して初めて「もう家族で世話するのは無理」と介護施設への入所を決断する人は多いと感じます。本当に緊急で「もう無理。明日にも入所させたい」という人もけっこういます。

井上 限界まで我慢しちゃうんですね。

安西 「我慢」というより、家族の誰かが介護することが「当たり前」と考えている世代の人がまだまだ多いのだと思います。だから限界まで頑張りすぎちゃう。そして色々な施設を見学して、「ここが一番良い」と思ったところに入所させても、今度は入所させたこと自体に罪悪感を持つ人も多いです。入所したら最初のうちはどんな人でも「帰りたい」って言うしね。「なんで自分の家があるのに、ここに居なきゃいけないんだ」って。そう言われたら家族は辛いですよね。

井上 そんな時はどう対応されていますか？

安西 施設によっては「里心がつくから、入所後しばらくは面会に来ないでください」という保守的な考えのところが未だにありますが、私は「出来ればしょっちゅう会いに来てあげてください」ってご家族にお願いしています。「家族は頻繁にここに来てくれるんだ。ここに居たら安心なんだ」と安心感を与えてあげるのが大切だと思うんです。

今日も入所者さんのお孫さんがひ孫さんを連れて来てるんですよ。うちは面会時間はありません。おじいちゃんおばあちゃんが起きている時間だったら、何時に来てもらってもいいんです。たまにここで一緒にご飯を食べていくご家族もいますよ。

井上 そうしている間に、きっとご家族もだんだん罪悪感が薄らいでいくんでしょうね。

安西 面会に来て「ここに来ると実家に帰ってきた気分になる」と言ってくれるご家族もいます。

重度の認知症の妻を介護して、一生懸命になるあまりDV気味になっていたご主人が、奥さんを入所させてから、徐々に穏やかな表情になっていったというケースもありました。私達プロでさえ、重度の認知症のかたをケアしている時に押されたり、唾を吐かれたりすると精神的ショックを受けるものなんです。その

「年老いても、病気や障がいがあっても、当たり前の生活を」をコンセプトに「ひぐらしの家」を設立。16年間で130人を看取った。

都度、「こんなことがあった」と仲間と共有することでショックを和らげたり、乗り越えたりできるんです。

井上 なるほど。施設に入所させた家族が、「一緒に介護する仲間ができた」と考えられるといいですね。

――どんな施設を選ぶ?

安西 ご家族の価値観は千差万別。百人いれば百様。「どんな施設がいい」というのはなかなか一律に言うのは難しいですね。いくら良い施設があっても、お金がないと入れない。逆にどこでも入れれば良いというご家族もいるし。

例えばうちは「サ高住」(サービス付き高齢者住宅)に登録できるような部屋面積は確保していますが、「サ高住」みたいに昼間はお友達とお茶して、趣味を楽しむ元気な人はいないんです。ご飯が作れない、トイレも自力でできない人ばかり。うちは介助が必要なおじいちゃん、おばあちゃん達の下宿みたいなもの。高級感を求めてくる人には違うかな、と思います。家具も頂き物が多いし、どこにも大理石を使っていないしね(笑)。

井上 施設の見学でチェックするべきポイントは?

安西 私は「臭い」だと思います。プロの視点として施設に入った時の臭いで、その施設の介護の質がわかる気がします。こもったような、食事と排泄物が混ざったムッとする臭い。そういうところは汚物の始末や掃除が十分にできていないことが考えられるので、どんなに設備や家具調度品が素敵で洗練されていても、個人的には勧めません。

井上 たしかに、高齢者施設特有の臭いがないですね。

まるで大家族のお宅に遊びに来たような雰囲気(右から2番目が安西さん)。

安西　中には、便をお漏らししている人を放りっぱなしにしておいたり、ハンドタオルでサッと拭いて終わりという施設がありますが、タオルの摩擦は刺激が強いし、便の放置や拭き残しがあれば床ずれにもなります。うちでは便が出たらお湯で洗うようにしているんです。

井上　臭いから施設のスタッフがどんな介護をしているか？がわかるんですね。

安西　不満や疑問、要望が出てきたら「お世話になっているから言えない」って遠慮せずに、スタッフにどんどん言っちゃった方がいいです。

――「その日暮らし」の自由な介護

安西　地名が「日暮5丁目」だから「ひぐらし」ってつけたんです。でも後から考えると、私たちは入所している人、一人一人のその日の体調によって、その人の介護やサービスの内容を決めているし、スタッフもその日の状況によって、その日出来ることをやっている。大きな施設みたいに計画書に縛られていない。だから今は「良い意味で、『その日暮らし』だから『ひぐらしの家』」って言っています（笑）。

井上　施設の中には高齢者ではない人もいますよね。

安西　うちは障がいがある若い人も受け入れているんです。デイケアで通所して時々泊まったり。以前は障がいがある子ども達の学童保育も。その子達はここを巣立って、現在は就労支援施設に行っています。

他にも訪問看護をしたり、子連れで来て、ここで提供するランチを食べながら自由なことをする「ママカフェ」を月に1回開催したり。病児保育もできたらいいな、と考えています。

小さいからこそ目が行き届くし、だから利用する人にも、受け入れるスタッフにも安心感があると思います。

半ダース介護 1/2 その20
がんがあちこちに転移して
どんどん衰弱していった夫の養父くまパパ
ついに入院したまま退院できなくなり
誰もいない家でひとりでいるの怖い…！
泊まりに来て！
夫の義母
今夜は私が泊まりに行きますから！
ご飯持って行くから待っててー
いってらっしゃーい
夫と交代で美ママの宿泊見守りをして
お宅のおばあさんを保護しましたので迎えに来てください
お宅のおじいさんを保護しましたので（以下同文）
またですか…
認知症のふたりのピックアップに走り回り
大ババは家族だからわかるけどなんで小ババの彼氏まで私が世話するの…!?

半ダース中
4人のおジジ
おババの
お世話が
ピークを迎え
てんてこ舞いの
日々です
ハルコさん パパの 病院から 呼び出しが…
はい はーい
ハルコさん 大ババが また いなくなったーっ
はいはい はーーいっ
そんな中
救いは
小ババが
恋に夢中で
若々しくいて
くれることと
このシュミーズ 似合うよ～
いや～ん
いちゃつくのは お部屋で やって下さい お部屋でっっ
私の
実家の母が
元気でいて
くれること
よね…
お母さん 元気で いてくれて ありがとう…
ぎゅううう～っ
どうか
このふたりだけでも
元気でいて
くれますように…
お月さま お願いっっ
パンパン
…と
祈る思いで
いると…
♫♪♫～
あ
実家の
母から
電話だ
骨折
しちゃった～～
え～～っっ!!?

どこで!? なんでっ!?
それがね〜
たーくんが
久しぶりに ご飯食べに 帰るよー
たーくん ハルコの弟 (45歳独身)
っていうから はりきって 掃除してたら
掃除機の コードに 足を ひっかけて
あっ
フローリングの 上でこけて
左腕と 肋骨を 折っちゃったの〜
家の中で こけた だけで…!!?
高齢者は 骨折しやすいって 聞いてたけど…
まさか そんなことで 骨折するなんて〜
…ってことは 治るまで 料理できない
私が ご飯を作って 届ける
病院にも 連れて行く
入浴介助も 必要かも

ふ〜〜〜…
こ…これ以上どうやったら時間が作れるの……
白目
魂ぬけかけてる
現実逃避の妄想
あはは あはははは
大丈夫だよ姉ちゃん!
オレがママの面倒みるから!
え?
今までママのことは姉ちゃんに任せっきりだったけど…
オレのせいで骨折したんだし…
これを機に長男のオレが実家に戻ってママの介護する!
ママのことは任せて!
お……
いや〜実は一緒に住んでた彼女と別れて行くとこなくてさ〜
弟よ…っ
ありがとう ありがとうっっっ
姉ちゃん聞いてんの?
聞いてない
しかしこの時私は45歳独身男性の介護能力がどれくらいのモノなのか
まかせとけっ
ハハハ
まったく考えもしなかったのでした…

半ダース介護 その21
1/2
母の骨折をきっかけに実家に戻って母の介護を始めた弟
ハルコの母
ハルコの弟 たーくん 45歳独身
こ…これで私がお世話するべき半ダースの高齢者が
5人に減る…
ひとり減るだけでも姉ちゃん助かるだろ?
長らくひとり暮らしだったけど
私もたーくんが同居してくれると心強いわ～
今日からあんたがいる実家に足を向けて寝られないよ
ありがたや ありがたや
ハハハ
ママのことはまかせて安心して寝てくれっ
しかし弟が実家に戻ったその夜…
ガ～ ゴ～
おもいっきり実家方向
♪♪♪～
ブブ～
ハルコ弟くんから電話だよ
ブ～ ブ～
♪♪♪～
ん～?
もしもーし
姉ちゃん大変だっ!!

ママが…
風呂場で倒れて意識がない…っ!!!
ええしっ
とっさに正座
救急車よんだけど真っ裸だから何か着せた方がいい!?
ブラジャーってどうやって着せるんだ!??
それくらい彼女と同居してたならわかるでしょっ!!?
脱がせたことはあっても着せたことはないからわからんっ!!
あ〜…
ごもっとも
…じゃなくて！救急隊が来るまで動かしちゃダメ！
今から行くから服着せずに体冷やさないよう何かかけておいて！
オレも行くっっ

…が実家に到着すると母は
ケロッ
ごめんね〜
片手で体洗うのモタモタしてたら
湯あたりしちゃったみたいなの〜
お風呂手伝ってもらわなかったの!?
え〜〜っっ
息子にそんなこと頼めなーい
ママの裸なんて見れなーい
裸見られなくてどーやって介護するのッ。
私なんてくまパパのち○ち○毎日握ってるわよーっっ
頭は打ってないみたいなので搬送しませんが
念のため明朝病院で頭部MRIとってもらってくださいね
はいっ
でも明日はオレ仕事だから週末でいいかな？
ついでに遠出して温泉にでも寄ってさ〜♡
あらっいいわね〜っ

○△◎■
@+%$#
☆♪♫〒£
÷※←⏎♭≧
→怒りすぎてもう言葉にならない
姉ちゃん元気だな〜
仕方なく翌朝私が母を病院に連れて行くと
ハルコ悪いけど今夜の夕飯少し分けてくれる?
この手じゃ料理も皿洗いもできなくて…
え?
料理も皿洗いもたーくんがやるんじゃなかったの?
「ママの介護はまかせとけ」って…
まさか〜
たーくんに家事なんてできないわよ〜
だから今までも彼女が留守の時うちにご飯食べに来てたのよ〜
…ってことはママの骨折が治るまで
結局私が身の周りの世話をするってこと…?
…しかも弟の分も……?
白目アゲイン
荷が軽くなるはずがなぜか世話をする人数が増え
ビョオオオオーッ
どうしてこうなるの…?
崖っぷちに追い込まれる介護人ハルコ
どうするハルコ…!?

半ダース1/2介護 その22
6人のおジジおババの介護に加え
なぜか母の介護で実家に戻った弟の世話もするハメになったハルコ
ごはんもってきたよ〜
お〜サンキュー♥
なんかママ最近老け…
娘
いや！疲れ気味だね…
ママももう年なん…
いや！今までひとりで頑張ったんだから
そろそろヘルパーや介護施設入所も考えようよ
まだ大丈夫よ〜
みんな「年寄り扱いするな」っていう人達だし
自分の限界くらいわかってるもん〜
それにちゃんと自分の時間を持つようにしてるから大丈夫！
ハルコの自分時間① 介護後のビール
ぐびーーっ
プハーーッ
今日もよくがんばった!!

ハルコの自分時間② バラ風呂
は〜〜 いやされるぅ〜〜
予算の都合で ミニバラ一輪分
…と何とか自分を奮い立たせていたおババのハルコでしたが
巡回 いってきまーす
ある日
ん？何か急に暗くなってきた…？
あれっ!? 朝なのになんでどんどん暗くなるの!?
日食!??
…と思った数秒後
まっ暗…
な何も見えない…!
バタンッ
気がつくと路上に倒れていたのでした
にっしょく〜… にっしょく〜…
奥さんっ 大丈夫!?

近所の人に助けられかつぎこまれた病院の診断は
熱中症ですね…
えっ冬なのに!?
今日水分摂りました?
いえバタバタしてて全然…
冬は乾燥している上に水分補給を怠りやすくて
知らないうちに脱水症状から熱中症を発症することがあるんですよ
私が倒れたらおジジおババと45歳独身弟が大変なことになる…
水分水分っ
ぐびぐび
しっかり気をつけなきゃ…!
…が2日後
あれ?
お腹の左側が赤くなってる…
倒れた時に打ったのかな?
ちょっと痛いけど数日たてば治るでしょ
巡回いってきまーす
チクチク
5日後
水ぶくれになって痛みが増してきた…
ピリピリ
じゃ…巡回いってきます

1週間後
痛くて寝られないーっ
うぉぉぉ〜っ
帯状疱疹ですね
中高年以上の人は過労やストレスで起こしやすいんですよ
帯状疱疹を発症した人は
まれにがんや糖尿病などの基礎疾患が隠れていることがあるから
念のため検査した方がいいでしょう
私が病気になったら大変なことになる…！
←婦人科
帯状疱疹の治療をしながら健康診断を受けてみると
乳がんの所見がみつかりました…
チクチク
ピリピリ
思いがけない結果が待っていたのでした…

半ダース介護 その23
1/2
帯状疱疹に続いて
乳がんがみつかった私
がん闘病していた父と夫の実父を看取って
今も末期がんのくまパパを介護している私自身が
がんだったなんて……
幸いにも私の乳がんは
ステージ1でリンパ節に転移していない早期がんです
生存率は90%ね
乳房温存の手術でいけるでしょう！
ビックリしたけど…
早めにわかって良かったんだ…
ポジティブに受け止めることができましたが
がんも帯状疱疹も免疫力が落ちるとかかりやすくなるんですよ
疲れやストレスで免疫力が低下しないように
今までの生活を見直してくださいね！

自分では「まだまだ大丈夫」って思ってたけど…
ホントは私の体…疲れて悲鳴をあげていたのかな…
ミーだミーだ
だけど生活を見直せって言われても
みんなのお世話をしないわけにはいかないし…
どうすればいいの…？
オレからみんなに話してみるから！
とにかくハルコは心配しないでちゃんと休んでて！
いいねっ!?
…とおジジおババの家へ走って行った夫
私の急病を聞いたおジジおババ達は
えっ
夫の養父くまパパ↓
夫の養母美ママ↓
これでハルコさんに美味しいもの買ってあげて！
ギュッ
早くよくなってもらわないと困るわ…っ
あ…ありがとう
500円↓

（注）病気見舞いに鉢植え→「根付く」→「寝付いて回復しない」の意味があるため御法度です。

すごーく個性的なおジジおババ達だけど…
ついでに困ったちゃんな弟だけど…
じ〜ん…
みんな私の回復を待ってくれているんだ…
よし！元気になってまたみんなのお世話をするために
手術がんばろう！
早く退院できるようがんばろう！
う……いてて……
頑張ろう！
頑張らなきゃ！
…が頭ではわかっていても
頑張らなきゃダメよね…
…………
日ごとになぜか気持ちがどんどん落ちていき
…もう頑張るのやだ……
このまま入院していたい……
ハラハラ…
身体だけではなくココロもくたくたに疲れきっていたことを
初めて知ったのでした…

半ダース介護 その24

※市区町村の介護保険を担当する窓口。地域包括支援センターや居宅介護支援事業所でも代行可能。

※窓口の名称は市区町村によって違います。

③認定調査員が自宅に訪問し本人の心身の状態を聞き取りして動作を確認
来週訪問しますね
ここから先はオレは対応できないからママお願いなぃ
生年月日はいつですか?
ごはんはひとりで食べられますか?
トイレはどうされていますか?
えっとえっとトイレは時々手伝ってもらっていてぇ
約50項目ある質問のうち
認知症の大ババはこの日に限って
シャキーン
スラスラ〜〜ッ
久しぶりに髪も服もきちんとしている
全問解答
私や自分で何でもできるから他人様の手助けなんて
ぜんっぜん必要ないよッ
こ これじゃ正しい判定がもらえないっ
あのっそのっ
あとは細かいお話になるのでお嫁さんとお話ししますね
お疲れさまでした〜

おばあちゃんの認知症はどんな行動がありますか？
ヒソヒソ…
わかってくれていたんですね〜
ホッ
さすがプロ…
④コンピューターによる一次判定のあと
⑤専門家による「介護認定審査会」で判定が決まり
⑥申請から30日以内に認定結果が印刷された介護保険者証が郵送される
そろそろ届きますからね！
大切〜っなものだからちゃんと保管してくださいね！
は———い
届いたっ!!
大切なものだからちゃんと保管しなきゃ！
なくさないように！
汚さないように！
ドロボウにぬすまれないように！
仏壇↓
大切にしすぎてどこに保管したか忘れちゃった〜
介護認定を受けるのがこんなに大変なんて…（涙）
ガクーン…
私ゃそんな大切なモン受け取ってないよっ

半ダース1/2介護 その25
6人のおジジ&おババの介護保険サービスを受けるために
絶賛奮闘中のハルコ夫婦
ようやく全員の介護認定の判定が終わり
介護保険者証が届いたものの
えッ
申請から2〜3週間で届いた
予想より認定が軽い…！
介護認定には2種類あり
要介護
介護が必要な高齢者
施設に入ったり
在宅で介護サービスを受けたりする
要支援
「要介護」にならないために予防サービスを受ける高齢者
その中にもそれぞれ心身の状態による「認定区分」があって
要支援①
日常生活はほぼ自分でできる
要支援②
日常生活に部分的な支援が必要
認知低下なし
心身の状態安定している
要介護①
排泄や入浴などの介助が必要
心身の状態が安定していない
または認知低下
要介護②
排泄・入浴などの介助が必要
自力で立ち上がるのが難しい
歩行困難など
要介護③
排泄・入浴・着替えなど全面的介助が必要
自力で歩行できない
要介護④
生活全般に全面的介助が必要
要介護⑤
全面的介助が必要
意志の伝達が困難

※利用者負担額は本人の収入によって１割負担と２割負担にわかれます

地域包括支援センターへ相談に行くと
この判定どうなんでしょう〜？
同居ではなく別居していて通いでお世話されているんですよね
同居していて家族にやってもらっている人は
「家事ができない」と判断されて認定が高くなりがちですが
家族と別居していて何とか家事をしている人は「できる」と判断されることが多いんです
じゃあうちみたいな通いでおかずを届けて
掃除洗濯もして…って家は
認定区分が軽くなっちゃうってこと…？
そういうことなんです
そのうえでお姑さんは
お元気で能力はあるけれどご本人の意志で家事をされていないようですし
年とるとめんどうで〜
ハルコさんついでにごはんもってきて〜
庭の掃除して〜
小ババの彼氏
ハルコさんよろしく〜
おばあさんは家事をされていなくて認知症もあるけれど
足腰は丈夫で歩行もしっかりされているし
スタコラサッサ〜
だから遠くまで歩いて行方不明になってしまう

養母さんは不安障害で歩行困難になることが多いようですが
また突然歩けなくなった…
身体的理由で歩けないわけじゃないので…
…と思ったら踊ってたり
なかなか判定が難しいんです…
「認定なし」の実家の母は？
骨折されて大変でしょうが…
一時的なケガで介護認定は…
同居している息子さんのご飯や洗濯もお母さんがやってらっしゃるみたいですし…
じゃ介護している私が乳がんの手術をして帯状疱疹の治療中だっていうことは？
それも考慮してもらえないんですか〜〜？
介護認定ってあくまでご本人の心身の状態で判定されるんです
病後で一人で6人も介護なさってるのは大変なことはよくわかりますが…
介護している側の生活状況は認定自体にはあまり反映されないんです…
ガ〜ンンン…
でもこのあとのケアプランの作成ではご家族の状況が考慮されますから…
気落ちしないで…
ハルコ家の介護サービス導入の道はまだ続きます

半ダース介護 1/2 その26
実家の母を除く4人の介護認定が判定されたハルコ家族
要介護1
要支援1
要介護1
要介護4
さあ！これでヘルパーさんをお願いできる！
やっと私も安心して療養できる〜
…が介護サービスを受けるまでにはまだまだステップがあり
⑦各事業所に介護サービスの申し込みをする
要支援の人
「介護予防サービス」が利用できる
地域包括支援センターへ申し込み
要介護の人
「介護サービス」が利用できる
施設に入所する人
介護保険施設へ申し込み
在宅でケアする人
居宅介護支援事業者へ申し込み
えッ
いきなりどの事業所がいいのかなんてわからない…！
そういう人は地域包括支援センターで紹介できますよ
ハルコの近所の地域包括支援センタースタッフ
クチコミで「あのケアマネージャーさん良かったよ」と聞いてお知り合いから紹介してもらう人もいます
うちは要支援と要介護が両方いるんですけど…
本来は別々の所でサービスをお願いすることになりますが…

それも
地域包括支援
センターで
まとめて
包括センターから
居住介護支援
事業者に
業務委託する
ことができます
ホッ
助かります～
⑧包括センターの
職員や
ケアマネージャーが
自宅を訪問し
本人や家族が
抱えている
問題を分析
ほぼ
私一人で
6人をお世話
していて…
⑨介護サービス
事業者の
情報をもらって
利用者が
事業者を選択
この事業者は
こういう
システムで…
ふむ
ふむ
ここに
しようかなあ…
⑩サービス担当者の
会議が開かれる
くまパパの
ケアプランは…
包括センター
職員
ケア
マネージャー
ケア
マネージャー
⑪ケアプランの
作成と確定
こういう
ケアプランが
できました！
OKです！
じゃ
来週から
介護サービス
スタートします！
やっと安心して
療養できる～
長い道のり
だった～

…がおジジおババの反応は
えっヘルパーさんがうちに来る…⁉
知らない人に家の中のことやってもらうなんて
いや〜っ
今になって言う…っ⁉!!
介護認定申請する時にちゃんと説明したでしょーっ⁉!!
ヘルパーさん来る前に掃除しなきゃ
ちゃんと服着て髪整えなきゃ
お茶用意しなきゃっ
あの〜…
そういうことをやってもらうためにヘルパーさんに来てもらうわけで………
ヘルパーさんにお出しするお菓子…どんなのがいいのかわからない〜
ハルコさん買ってきて〜…っ
結局私ですか…
いまいちわかっていないおババ達だったものの
実際に介護サービスが始まってみると
要支援1の小ババには週2回
要介護1の大ババには週3回ヘルパーさんが訪問してくれて
こんにちはー
お洗濯しますね

要介護1の美ママには週2回
ご飯つくりましょう
要介護4のくまパパには週5回ヘルパーさんが来てくれるので
尿パックかえますね
お風呂のお手伝いします
今まで毎日巡回していたハルコはヘルパーさんが来ない日だけの出動になり
今日ヘルパーさん来ないからご飯つくってきましたよー
はいごはん
小ババ&大ババの家には週3～4回
はいたのまれてた買いもの!
ありがとー♡
美ママ&くまパパの家には週2回
実家の母は介護認定がおりなかったから週2回行って…
やっと人間らしい生活が送れるようになりました♡
それでもまだ忙しいけどね…
はー
…とホッとするのもつかの間
久しぶりの美容室
MyAge
ブー
ブー
ブー
ブー
ヘルパーさんに庭の掃除頼んだらダメだって〜
ヘルパーさんが彼氏のマッサージしてくれない〜
ヘルパーさんのご飯健康的すぎ! カツ丼買ってきてーっ
「介護サービスが何か?」がまるでわかっていない………

半ダース介護
1/2
その27
介護サービスの利用を始めて数ヶ月
ハルコは乳がんの切除手術で弱った体力が戻ってきて
帯状疱疹も回復してきました!
おジジ&おババは
ヘルパーさんが薬の仕分けしてくれない〜
彼氏とカラオケに行きたいのにヘルパーさんが留守番してくれない〜
お手伝いさんがタバコ買ってきてくれないーっ
あいかわらず介護サービスのルールが理解できず
あのねヘルパーさんにはお願いできることとできないことがあるんですよ
薬の仕分けは間違いがあったら医療事故につながるので
本人か家族がする決まりになっているし
え〜そーなの〜?
ヘルパーさんは生活のサポートをしに来てくれる人だから
本人が家にいないと介護サービスできないんです
その本人が出かけてたらヘルパーさんの仕事が成り立たないでしょ?
へ〜っ知らなかった〜
ヘルパーさんがタバコを買わない決まりになっているのは
健康を害するかもしれない嗜好品だからで
それにヘルパーさんは
お手伝いさんじゃありませんからっ!
ビシーーッ

え〜じゃあハルコさんお願い〜
はーいいいですよ♡
ただし
次の私の巡回日まで待ってくださいね！
ガラガラ〜ッ
本日閉店
ハルコ屋
おお〜…
今まで24時間体勢だったママが…
病気してから強くなったなぁ〜…
おジジおババが倒れたら私がお世話するけど
私が倒れてもお世話してもらえないことがよーくわかったの！
自分の健康は自分で守らなきゃ！
そうだ姉ちゃん！ようやくわかったか！
まず介護する人間が元気でなきゃ！
オレみたいにねっ！
ハルコの弟45歳独身
…あんた実家で暮らしてるだけで介護してないじゃん…
ふふっ
してないよーに見えるだろ？
でもちゃ〜んとしてるんだよ
ふっ
男の介護は水面下でするものだからさ…っ!!

ってあんたごはんだってママ任せじゃない！
ちちちっ
ってみえるだろ～？
ところがね……
平日の家事をママに任せているのは少しでも体を動かして体力を維持させるためで
掃除してごはんつくって洗濯して……
ママふりこみもお願い～
週末はオレがごはんを担当してるし
真あじ
ママ何がいい？
回転寿司
月に2回はリハビリに連れて行ってるし
ゆ
スーパー銭湯
じゃっ2時間後に玄関集合ねっ！
内緒にしてたけどケアメンサークルにも入ったんだぜ～
「ケアメン」？
ケアメンサークルってのは男性介護者が集って勉強会したり
介護の情報を共有したりするサークルで
われらCare-Men!!
おそろいのエプロン
C men

講師を招いて料理教室をしたり
今日は冷凍食品を使った簡単介護食をつくりまーす
エビシューマイ
体操教室をしたり
女性高齢者によいストレッチは…
高齢でも女性を着替えさせる時はバーッと脱がしちゃダメ!
かくしながらね!
女性心理を学んだり
メイクも勉強するんだぜ～
すごいだろ～
先生っ化粧水と乳液ってどう違うんですか!?
妻の化粧品どーやって買えばいいんですか!?
← 真剣
メイクまで…っ!!?
…でも一番勉強になるのは
勉強会の後懇親会で現役介護者の悩みを聞いてあげることかな……
今日は介護忘れてパーッといこーパーッとーっ
ガハハハ
な?まずは介護者が元気でなきゃ!
嫌みの一つも言いたいけど…
微妙に否定できない……

半ダース介護
1/2
その28
前立腺がんの末期で
何年も入退院を繰り返してきた夫の養父くまパパ
←自宅でもほぼ寝たきり
極端に死を怖がる人で
絶対に死にたくない
同級生の誰よりも一分一秒でも長生きする！
登場人物が死ぬドラマや映画も
不吉だから観たくない！
実弟の3周忌にも
縁起が悪いから喪服は着ない！
グレーのスーツ→
経過観察の検査で良い結果が出た時も
この数値をずーっと保っていれば
ず――――っと生きていられるんだな！
ず――っと
ず――――――っと
…ってことは私の介護生活も
ず――――――っと続くってことですね…
…と言っていたくまパパでしたが

※急性期病院…急性疾患や慢性疾患の急性憎悪などで緊急・重症な状態にある患者に対し入院、手術、検査など高度で専門的な医療を提供する病院

お義父さんの場合は3ヶ月間入院できますから
その間に転院先を探してくださいね
そんな…
ここで最期まで看取ってもらおうと思ってたのに…
すぐに転院先をみつけろって言われても…
またまた大忙しの生活に戻ってしまい
ヘルパーさんを導入してようやく生活のペースができてきたのに…
また具合が悪くなりそう…っ
でも探さなきゃ…!
しかし忙しくなったとたん具合が悪くなったのは
えッ
パパが転院!?
転院先を探すのが大変…っ!?
わ…私までめまいしてきたわ…
ふら〜…っ
ハルコではなくくまパパの妻美ママだったのでした……
バタンッ
なんでママが倒れるのっ!!?
「急に倒れて歩けなくなった」?
う〜ん精神的なものだと思いますが…様子をみるために入院しますか?

そして なぜか この人まで
ゲホ ゲホ ゴホ ゴホ
大ババ 最近 咳き込むこと 多いなあ…
…と 思っていたら みるみる 体調が 悪化して
ゼ〜 ゼ〜
い………… 息が……
できない……
バタンッ
おばあさんが 倒れてる！
救急車を 呼べっっ!!
道で倒れて 緊急搬送 されたのでした
なんで 忙しくなった とたん ふたりとも 倒れちゃうの？
まるで ママが 忙しくなったら 熱出す 子どものようだわ…
しかも 大ババの 診断は
肺気腫 ですね
症状が 安定したら 介護老人施設へ 転院して ください
こっちも 転院先 探しっ!!?
こうして 壮絶〜っな 高齢者施設 探しの旅が 始まったのです…

施設見学レポ

Share《シェア》金沢さん

「ごちゃまぜ」のまちの一員として暮らす、新しいタイプのサービス付き高齢者向け住宅

一般的に有料の高齢者介護施設というと、入所者は「介護サービスを受ける立場」に置かれ、どうしても生活全体が受け身になってしまいがちですが、入居者が積極的に地域と関わりながら暮らす取り組みをしているサービス付き高齢者住宅があると聞き、石川県にある「シェア金沢」を訪問しました。

木造家屋が並ぶシェア金沢。洗練されつつも懐かしい雰囲気。

「シェア金沢」は北陸新幹線・金沢駅から車で約20分。国の特別名勝に指定されている「兼六園」から5キロ離れた郊外にある、さまざまな福祉施設を有した敷地面積1万1千坪のコミュニティです。

その正面に立ち、まず感じたのは「どこからどこまでが『シェア金沢』？」という印象。周囲を巡らすフェンスがなく、敷地内を見渡してみても、小ぶりな建物がほどよい距離で点在する別荘地のような景観が広がっているのです。

「『軽井沢みたいですね』って言われることもあるん

ですよ」と、にこやかに返してくれた施設長・清水さんに敷地内を案内してもらいました。

1時間ほど歩きながら見学したのは、サービス付き高齢者向け住宅、障がいをもつ子ども達の入所施設、アトリエ付き学生向け住宅、学童保育施設のほか、天然温泉、マッサージサロン、藪蕎麦店など。売店、ク

地元農家さん作の野菜や花、加工品が購入できる。

リーニング店、カフェバー、タイ式マッサージのサロンなどもあり、まさに「まち」と呼ぶにふさわしい住空間が広がっています。

驚いたのは、「まち」の一角に「アルパカ牧場」があることでした。そして優雅に草を食む4頭の親子アルパカの視線の先に、水遊びをしている元気な小学生4人の姿が。楽しそうな声につられて近づいてみると、子ども達の側には70歳くらいの男性がずぶ濡れになって立っていました。「洗車を手伝ってもらってい

外部の人も利用できるフリースペース。

地下600mから湧出する天然温泉。毎日のように利用する地元の町民も。

たら、この子達と水の掛け合いになってねえ」と嬉しそうにニコニコと笑っています。

施設長によると、この男性はサービス付き高齢者住宅の入居者で、子ども達は学童保育に通っている小学生。そのうちひとりの子どもは障がい児施設に入所し、ここで暮らす小学生ということでした。その道の先には、大学生の背中に小学生がおぶさり、遊んでもらっている微笑ましい光景も見えました。

この小さな「まち」では、高齢者、子ども、大学生など、世代や障がいの有無を超えて、多様な人々が一緒になって暮らす構図が当たり前のように目にすることができます。「私達は『ごちゃまぜの社会』の実現を目指しているんです」という施設長の言葉が腑に落ちた瞬間でした。

「シェア金沢」の母体は1960年に知的障がい児の入所施設として発足した社会福祉法人「佛子園《ぶっしえん》」。さまざまな人々が同じ社会で暮らす「ごちゃまぜ」を理念に、障がい者就労支援などに取り組んできました。

アルパカ牧場、ドッグランが並ぶ。

この「シェア金沢」のサービス付き高齢者住宅に入居している高齢者は理念に賛同し、全国から移り住んできた人が多いということです。

現在、高齢者住宅の入居者は40名。介護認定の条件はなく、60歳以上であれば入居できます。敷地内には高齢者デイサービス事業所、訪問介護ステーションがあり、各戸のリビングには緊急通報システムが設置されています。

6棟あるサービス付き高齢者向け住宅の一つ。各戸42㎡以上でゆったりとしたつくり。

そして「小型犬まで」という制約があるものの、ペットと入居できるのも嬉しいところ。ペットを介して、高齢者と障がい児との交流が生まれることもあるそうです。

こうした多世代での交流は、ここに設けられた農園や、ハロウィンなどの行事でも生まれることがあるそうですが、私が関心深かったのは売店で築かれる異世代間コミュニケーションでした。

1個数十円の小袋菓子が並ぶ共同売店では、敷地内にある学童保育所の子ども達がひとり百円のお小遣い

敷地内の標識や看板は誰が見てもわかるビジュアルデザイン。

を握りしめて買い物に来る日が決められています。その日は高齢者住宅の入居者が当番制で店に立ち、子ども達の買い物を「駄菓子屋のおじいちゃん、おばあちゃん」として見守るそうです。

自宅を離れ施設入居している高齢者にとって、孫世代の子ども達とふれあう機会は貴重な時間。穏やかな日常生活の、良い刺激にも安らぎにもなることでしょう。

そして面白いのは、この共同売店には「駄菓子屋のおじいちゃん、おばあちゃん」とのふれあいを求めて

別荘地のような街並み。小さな建物が小道で繋がれている。

周辺地域から中学生達がやってくること。「どうやら高齢者の存在が彼らには新鮮に感じるようです」と施設長。店の黒板には女子中学生達による躍動感のある絵やメッセージが所狭しと書き残されていました。

世代を超えた交流によって安心感を得るのは高齢者だけではなく、実は若年層も同じなのかもしれません。

ボランティアを条件に入居できる、美大生対象のアトリエ付き住宅。トレーラーが住居スペース。

核家族化の進行とともに、私達の社会は同世代や生活環境が似ている者同士での繋がりしか持てなくなり、それを普通に感じがちですが、本来の人間社会の構造はもっと多層だったはず。性別や世代、障がいの有無、国籍などを区分しないボーダレスな社会、つまり「ごちゃまぜ」の社会は、生き難さを感じることが多い私達ひとりひとりにとって、人間らしい暮らしへ立ち返るために必要な形なのではないかと感じました。

高齢者福祉の新しい取り組みを見学するつもりが、原点回帰の大切さを学ぶ機会になった訪問でした。

共同売店の黒板には憩いを求めて立ち寄った地元女子中学生の書き込みが。

各所に住人が交流できるスペースがつくられている。

シェア金沢のロゴマーク。多様なまちの様子が描かれている。

半ダース介護
1/2
その29
突然 3人の おジジ＆おババの 入院先探し ミッションを 課せられた ハルコ
美ママ 不安神経症による 歩行困難で 一時入院
くまパパ ホスピス探し
大ババ 介護老人福祉施設探し
不安障害で 一時的な 歩行困難になった 夫の養母 美ママは
パパの ホスピス探しが 心配で 歩けなくなった…
探すのは 私なん ですけど…
かかりつけの 病院に 入院させて もらえて
ちやほや
今日の おねつは？
ごはん どれだけ 食べました？
ホホホホ♡
みんなから 関心を 向けてもらって いつもより 元気に なってる…
よかった よかった
しかし問題は ホスピスと 介護老人福祉 施設探しで
私の父と 夫の実父は 入院してた病院で 最期まで 看取って もらえたから
ホスピスのことは よくわからない…
とりあえず できるだけ近所で ターミナルケアを 取り入れている 病院を いくつか探して
その病院の ソーシャルワーカー さん達に 相談してみると
それは お困り ですねー

うちは入院ホスピスの他にご希望によって在宅ケアや外来デイケアを組み合わせたり
漢方や鍼灸を取り入れて
患者さんの生活の質を維持する方針なんです
がんが骨に転移してから全身の痛みで精神的にダウンして
表情まで無くなっているくまパパにはいいかも…！
ぜひお願いしますっ!!
緩和ケア病棟は20床だけしかないんですが…
できるだけ優先して入棟してもらえるよう手配しますね
ホ〜ッ
ありがとうございます
ホスピス探しってすごーく大変そうなイメージがあったけど
意外にすんなり決まって良かった…！
幸先いいかも！
この調子で大ババの介護老人福祉施設もサクサク探しちゃうぞーっ
たのもーっ
…と意気揚々と地域包括支援センターにのりこむと
ああ〜介護老人福祉施設への入所希望ですかあ……
なっなにその重い反応!?

介護老人福祉施設入所は険しーい道ですが……
ホントに希望されます……？
し
します
します
入《はい》れないと困るし…っ
でもそんなに大変なんですか…？
まず説明しますね
要介護1以上の人が入所できる介護付きの老人福祉施設は2種類あります
介護老人福祉施設（特別養護老人ホーム）略して「特養」
介護老人保健施設略して「老健」
どう違うんですか？
「特養」は一般的に「老健」より費用が安めで
お亡くなりになるまでずっと入所できますが
特養
ずっと介護しますよー
「老健」はリハビリして家庭へ戻る支援をする施設なので
基本的に3ヶ月間しか入所できません
老健
リハビリして家に戻りましょうー
3カ月で退所して下さいねー
「特養」は原則として要介護3以上の人が対象ですが
お宅のおばあさんの場合特別入所の要件に該当するので入所申し込みはできます
えっじゃあ「特養」の方がいいです！
3カ月だけなんてムリムリ!!
でしょ？皆さんそう思ってるんですよ〜
だから「特養」は希望者が多くて…

保育園の待機児童並みに
待機シニアがい〜っぱい入所待ちしていらっしゃるんです〜
そっそんなに…っ!!?
でも病院からは「できるだけ早く介護施設へ転院して」って言われてるし…
どうすればいいの?
とりあえず比較的すぐに入りやすい「老健」に入所して
「特養」の入所を待ちましょう!
ハイ申し込み用紙!
…というわけで「老健」にも「特養」にも入所申し込みをして
面接に行き
第一志望の「特養」で必死に頼み込んでみると
急に肺気腫になって認知症も進んで…私一人で5人も介護してて大変なんです〜っ
入所させてオーラ全開
できるだけ入所待ちの順番が早くなるよう善処しますね
ありがとうございます!
で?今何人待ちなんですか?
え〜っと…
384人待ちですね♡
サラッ
ここから大ババの特養入所のイバラの道が始まるのでした…

半ダース介護 1/2 その30
その後大ババが病院から「老健」へ転院し
何とか入所できたけど…
ここには短期間しか入所できないからまた次の「老健」を探さなきゃ…
病院に指定された入院期間終了前ギリギリに転院先のホスピスがみつかり
くまパパも
お待たせしました入所して頂けるようになりました!
ホ〜〜ッ
ありがとうございます!
あとは末期がんのくまパパにホスピスのことどう説明するか?よね……
「もう治療法ない」なんて言えないしなあ…
う〜ん…
「緩和ケアができるいい病院がみつかった」って言う?
それがいいかな…
何年も痛みをガマンしてきたもんな…
骨転移してからさらに痛みが強くなって毎日つらそうだから
ホスピスに入って少しでもくまパパらしさが取り戻せるといいね…
無表情になってしゃべらなくなった
…と言っているとその夜になって
ブーッブーッ
病院からだ…!

お父さんの病状が悪化しました すぐに病院へ来てください
えんっっ
美ママは入院中だから とりあえずふたりだけで行こう!
娘
私も行くっ!!
…と急いで夫や娘とかけつけると
くまパパは呼吸数も脈拍も少なくなって すでに意識がない状態でした
くまパパすごく苦しそうな顔してる…
くまパパ痛かったね…
でももう大丈夫だよ
安心していっていいよ…
そうするとくまパパは息を深く吸い込んで
すうっっ
おだやかな顔になって静かに亡くなりました
ご臨終です

初めて
看取った
私の父のときも
お父さん
今まで
ありがとう
すうっっっ
ご臨終です
夫の実父の
ときも
お義父さん
よく頑張り
ましたね
あとのことは
心配しないでね
すうっっっ
ご臨終です
「息を
引き取る」って
言うけれど
3人とも
ホントに
そんな感じの
最期だったな…
だけど
せっかく
いいホスピスが
みつかったのに…
おじいちゃん
なんで
こんな時に…
そういえば
私の友達の
お父さんは
希望してた
ホスピスに
やっと
転院できて
良かったね
お父さん！

じゃ帰るから！
また来るねー
…が帰宅すると
お父様が危篤です！すぐに来てください！
えッ
急いで戻ったのに間に合わず
やっと入ったホスピスなのに初日に亡くなっちゃうなんて…
どうして…っ
そんなこともあるんだ…
人の最期のタイミングっていろいろあるんだね…
人って不思議よね…
私の父 夫の実父 そしてくまパパ…
病気になってからの介護はそれぞれ大変だったけど…
3人のおジジの最期を看取れて「やりきった」って感じがするなあ…
亡くなった悲しみより
おジジ達ありがとう
感謝でおくり出してあげたいハルコでした

半ダース介護 1/2 その31

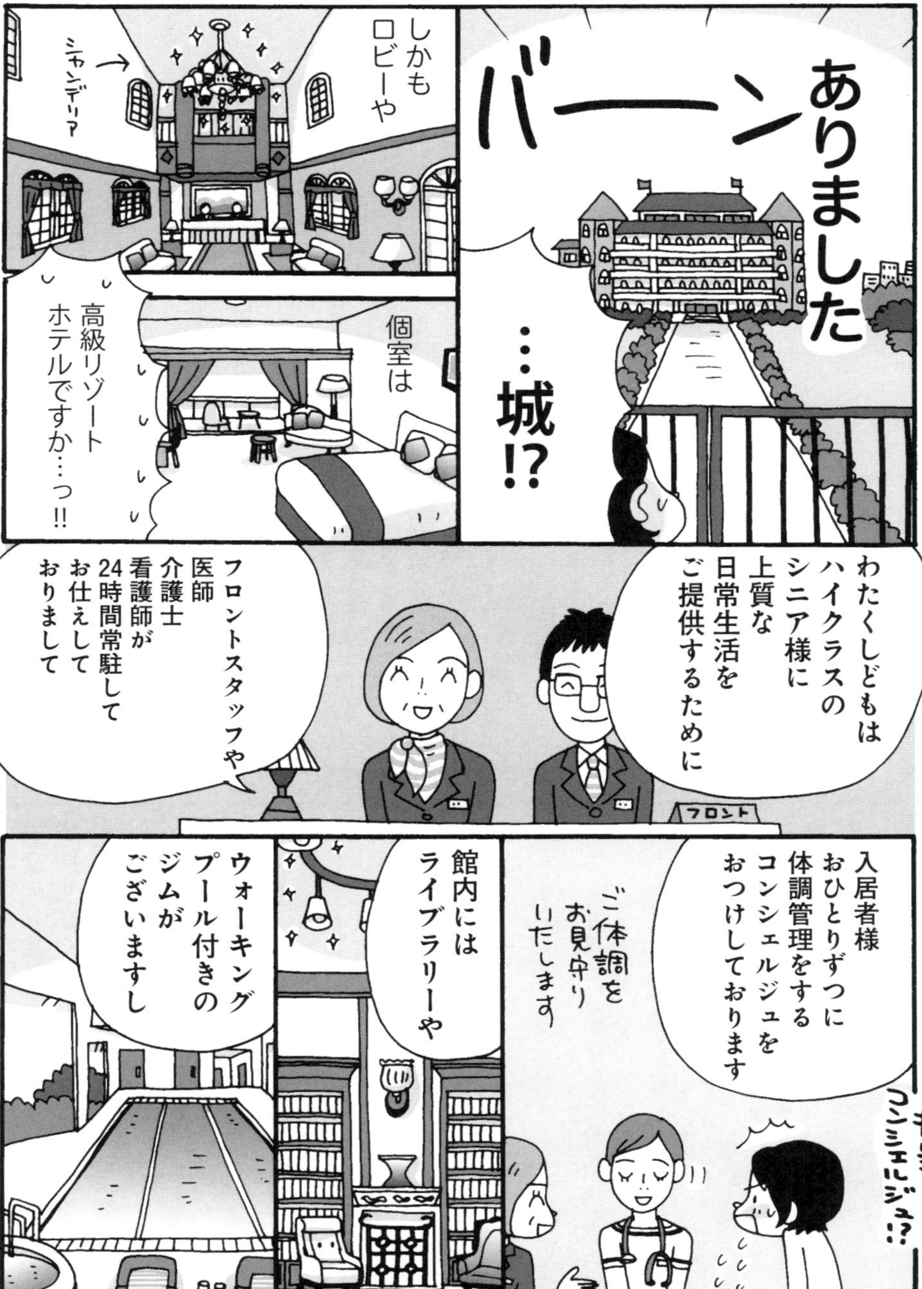
バーン
ありました
…城!?
しかもロビーや
シャンデリア
個室は
高級リゾートホテルですか…っ!!
わたくしどもはハイクラスのシニア様に上質な日常生活をご提供するために
フロントスタッフや医師介護士看護師が24時間常駐しておりまして
フロント
入居者様おひとりずつに体調管理をするコンシェルジュをおつけしております
ご体調をお見守りいたします
担当コンシェルジュ!?
館内にはライブラリーや
ウォーキングプール付きのジムがございますし

パーティールームでは芸能人のショーやダンスパーティーが開かれます
パーティーのお支度はヘアスタイリストがいるヘアサロンでお受けしております
その他に血圧計付きシアタールームや
脳トレに最適なゲームルームもございます
雀荘まで…!?
いえ！ゲームルームでございます
毎日のお食事は気持ち良く召し上がっていただくためにテーブルセッティングしてサーブさせていただいております
人気シェフをお招きした収穫祭やボジョレーの特別メニューもご提供してございます
ドイツのオクトーバーフェストのビアーを思い出すねぇ
バレンシアのトマト祭も楽しゅうございましたわー
飲み込むお力が弱い入居者様には刻み食もご用意してましてて
いったん飲み込みやすいようにお刻みして

元の形に再度固め直してお出ししております
一見なにもなかったかのようなお肉
そこまで…っ!!?
シニアになられても「今まで通りの生活を」とお望みになる方が多いんです
そのために当施設では入居者様のお部屋を
ご自宅でお使いになっていたシャンデリアやお敷物がお持ち込みいただける内装にしてございます
もう言葉も出ない
そんなドリーミーな介護付き有料老人ホームの費用は
入居一時金3千5百万円でございます
その他にこちらも必要になります
ヘルスケア管理費 350万円
月額利用料 20万～200万円
入居するだけで合計で
約4千万円!!?
そ…想像を越えるラグジュアリーシニアワールド…
世の中にはここまでハイソな高齢者がいるのね～……
うちにはムリムリ
ムリムリ
気分は超上流社会の住人でも現実は中流家庭シニアの美ママは
結局「ちょいハイクラス」な有料老人ホームに入所することになりました
音楽会(カラオケ)や舞踏会(盆踊り)もあるんですって
お花畑もあるわ♡すてきー
花壇

※1「特養」(特別養護老人ホーム)終身で利用できる公的な介護保険施設。
※2「老健」(介護老人保健施設)在宅復帰を目的とした医療ケアやリハビリを受けることができる公的介護保険施設。

おばあちゃんお元気だから在宅で大丈夫でしょう！
退所できますよ！
おめでとう!!
きっちり3ケ月で退所判定をもらってしまうのでした……
しかし自宅に戻ったとたん大ババはヘルパーさんや私の目を盗んで
プカプカ
ゲーホゲホ
…で肺気腫が悪化し
着替えするだけで息が切れる…
ゼ〜…ゼ〜…
そんな体なのにいつの間にか逃亡散歩して
お宅のおばあさんが路上で倒れて病院に搬送されました
すぐに病院に来てください
また!??
病院↓老健に逆戻りしてしまうのです
こんなことくり返してたら大ババも私も寿命を縮めてしまう…！
しかたない…
今度退所判定が出たら家に戻さず別の老健に移ってもらおう…
で3ケ月ごとに
退所してください
ハイ次の老健へお引っ越ししますよー
退所してください
ハイ次の老健！
老建引っ越しをしていると

今度は生活変化のストレスからか認知症が進んでしまったのです
ここの鏡はおかしい！知らないおばあさんが映ってる…！
私や18歳のイケイケなのにーっ!!!
だからって美ママみたいにお金がかかる有料老人ホームに入れてあげられないし……
どうすれば早く特養に入れるんですかっ？
ケアマネージャーさんに相談すると
うーん…
特養の入所待ちをしている待機高齢者は
現在30万人以上と言われているんですよ
申し込みから数ヶ月で入れる人がいれば3～5年待ってようやく入所という人もいます
5年!?
3て
特養は申し込み順に入れるのではなく
緊急度が高い人から入所が決まるんです
だからとにかく
入れてもらわないと困るんです～
…というアピールを何度も何度もすることです…！
い～れ～で～～っっ

さっそくその日から第一志望の特養に「入れて」アピールを始め
すみませーんもう毎日気になって気になって…
頻繁に施設にTEL
入所待ち順何番目になりましたか？
あれから順番変わりました？
何とか「入所候補者」になり面接までこぎつけ
い〜れ〜て〜〜
現在ひとりで4人の介護をしてるんです〜
私自身も乳がんや帯状疱疹で休養が必要で…
神頼みして
パンパンッ
どうぞいれて下さい〜っ
4軒目の老健引っ越し直前にようやく特養の入所内定書が届きました
わーい
これでもうハシゴ老健せず特養で残りの人生を落ち着いて送ってもらえるー♡
ついでに私も落ちつける〜
嬉々として入所準備にとりかかったハルコ
持ち物全部に名前をつける
娘の幼稚園入園前の名前つけを思い出すなあ…
あの時は手が器用な大ババが手伝ってくれたっけ
大ババありがとー助かる〜
20年経って今度は大ババの名前つけをしてるなんて…
ふしぎな気分だな…
ようやく特養に入れる喜びと思い出と終《つい》の住処《すみか》に大ババを送り出す寂しさで
うぅぅ〜…
なぜか涙が止まらないよぅーっ

半ダース介護 1/2 その33

ふたりのメイドと執事と運転手って…それ全部私のことじゃ？
妄想？それとも認知症…？
まいいじゃないですか
スタッフ↓
高齢になるとグチっぽくなる方が多い中で
美子様の空想は夢があってハッピーな気分になりますもの
毎年1回馬車にのって舞踏会へ行くの
おかげで最近は美ママのハッピー妄想のための出動が増え
ハルコさん私のミンクの毛皮のコート持ってきてちょうだい！
へ？
老人ホームにミンク!?夏なのに…!?
お隣のお部屋の方が窓際に毛皮を虫干しされて
他の皆さんも毛皮を干し始めたの
私も干さなきゃいけないわっ！
衿にミンクがちょ〜っとほどこされているコート
窓際に毛皮がズラーッと並ぶ老人ホームって…
すごくシュールな光景だ……

そして在宅ケア組のふたりのおババも今は体調が落ちついていますが
ママーごはんまだー？
もうちょっとよ
45歳独身で実家暮らしのハルコの弟
ごはん作りはいい筋トレになるから頑張ってね！
彼氏と朝カラオケに行ってくるー♡
彼氏が彼氏の娘さんの誕生日に娘さん宅で食事しようって誘ってくれたの♡
彼氏がね彼氏がねっ
彼氏から一緒に住もうって言われちゃったぁ～～♡
えっ
シニア同棲!?
彼氏が結婚しようって言うのー♡
キャッ
えええぇぇぇーっっ
後期高齢カップルのラブラブっぷりはまったく落ちつく気配がなく
相手のヒト認知症でしょ？再婚したらお金の問題がすごーく複雑になるよ!?
ついに……

ふたりでプチ家出してしまいました…
だって彼氏に「お前はおれの最後の女だ」って言われたんだもーんっ♡
バス
見つかってもノロケる小ババ
そりゃー最後でしょーが…
ぜ〜ぜ〜…
そんなキュートな事件がありつつも
7人介護のピーク時に比べるとすごーくラクになりました！
…と思っていると娘が結婚して孫が生まれ
双子
私自身がおババになっちゃった
実は空きがないから同じ保育園に入れられなくて困ってるの
ママ子ども達の世話してくれないかなー
そしたら保育園に預けなくてもいいし…
おねがいっ
えっ
半ダースのおジジおババが4人に減ったと思ったら
ふたりの孫育てが始まって…
またお世話する人が半ダースに…？
おババ〜
おババ〜
1
2
3
4
5
6
(7)
①プラス
…というわけでハルコの半ダース介護&孫育ては今日も元気に続いています
おババー

番外編・井上きみどりに突然やってきた

1/6ダース介護

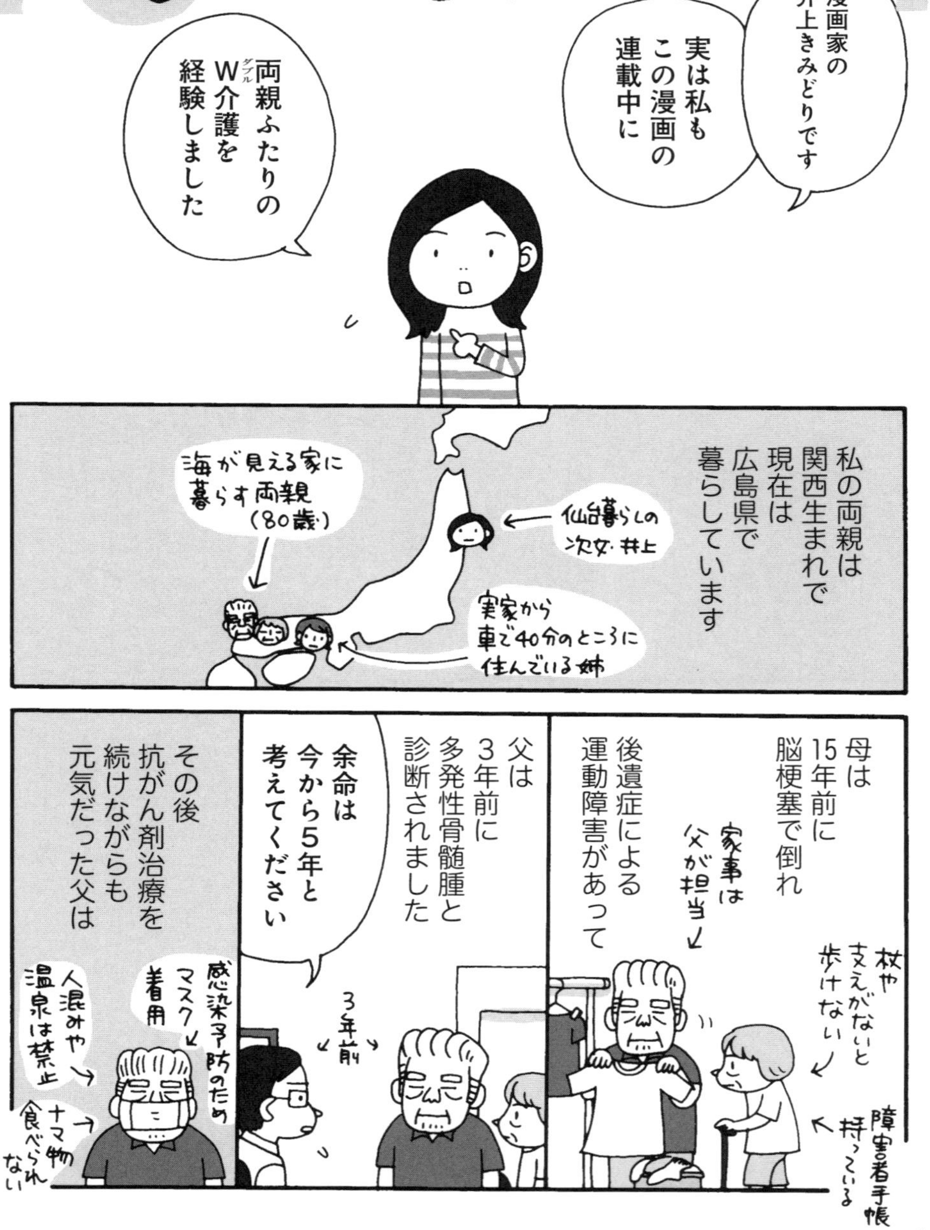

姉にサポートしてもらいながら
様子見に来たよー
おーカキ食うか!?
どっちゃり
母の代わりに家事を担っていましたが
昨年の夏突然
お父さんが倒れた…!!
姉
えっ
実は1週間前に倒れて…
お母さんじゃ世話できないから私が実家に泊まりこんで世話してるんだけど
お父さんどんどん様態が悪くなっていくし
私も24時間ずっと介護してて疲れ果ててたよ…
大変…っ!!!
すぐに帰るからっ!!
それまで何とかふんばってて!!
で大急ぎで仕事を調整し
すみませんしめ切り延ばしてもらえませんか!?
このイベントキャンセルさせてもらえませんか?
航空券を手配して
1席残ってた!
仙台⇄広島は一日2便しかない↓
家族に説明して
2週間くらい戻れないかも…!
荷物をまとめて必要になりそうな介護の情報をインターネットで集めて
ふむふむ移乗の方法は…

翌日
2年ぶりの帰省で
待っていたのは
ただいまー!…
お父さん
久しぶ……
り〜〜〜〜
お〜
う〜〜
すでにしゃべれなくなっている
人生で
初めて
対面する
父の
下半身でした…
お父さんオムツ替えるよ…
しかも
じゃ私
自分の家に
帰るから
スーパーはここで
介護用品はここのお店ね
えっ!!?
いきなり
私ひとりで
介護するのっ!?
だって
これ以上
仕事
休めないし
この1週間
ほとんど
寝てなくて
体力の限界だし…
わ…
わかった
こうして
降って湧いたように
両親のW介護が
スタートしたのです
ご飯作れない
トイレなどの日常生活ができない
ずしーっ
その時点の
父の状態は
①1週間前から
多発性骨髄腫の
合併症の
「高カルシウム血症」で
意識障害が出ていて
しゃべれない
モーローとしている
歩行困難
トイレに行けない

※移乗介助…ベッド↕イスなどへ移る時の介助

お父さん どうしたの？ トイレに 行きたいの!?
うん うん
チョロ〜〜
待って 待って!!
ここは トイレじゃ ないから！
今 バケツ 持って くるからね
その前に 急いで 拭いて おかなきゃ
おしっこが 畳に 沁み込む…！
待っててよ〜 待っててよ〜
ジョジョ〜
ジョジョジョ〜
ジョ〜
頭から かけられた
身体が 大きいせいか 大量の尿
ジョボボボ〜
ジョジョジョ〜
ッッッ
よく 結婚相手の 条件に 「高身長」って あるけど…
身長が 大きい人って 将来の介護が 大変ですよ…
10日後やっと 入院が決まり
固形物も 水も 飲みこめなく なった
これで やっと 眠れる…
げっそり ……
待って お母さん 歩けへん〜っっ
ひとりだけ元気

これは家族が介護する限界を超えてますよ！
すぐに点滴しましょう！
バタバタ
主治医↓
だったらもっと早く入院させてよ〜〜
その後点滴と投薬で父は1週間もすると元気になりましたが
おかゆ食べられるよーになった！
一度衰えた脚力は1カ月経っても回復せず
1カ月後ようやく歩行器で歩けるようになった
ヨロ
ヨロ…
でもすぐに疲れる
意識障害も残ったままで
こいつわしの女房なんや〜
なぜか生まれ故郷の関西弁に戻っている
へへっ
今日も来てくれてありがとなっ
ニコ
ニコ
気ィつけて帰るんやでー
ほなまた明日な〜
「ありがとう」なんて言ったことない人が…
超〜〜〜〜いい人になってる……
まったくの別人格になりました

今出ている意識障害は一時的な「せん妄」だと思いますが…
私はアルツハイマーではなく高カルシウム血症によるものと考えています
せん妄が治ってもおそらく自宅で生活するのは難しいでしょうから
高齢者介護施設を探してください
身体が大きいお父さんをお母さんが介護するのは絶対ムリ…
そうだよね…
それにお母さんは家事ができないからひとり暮らしは危険……
夫婦2人で入所できる介護施設を探すしかない！
…と姉といろんな施設を見学してまわり
すてきーっ
海辺にある
入所一時金も安くてすてきーっ
やっと理想的な施設発見！
母を連れて行くと
すてきすてきっっ♡
私ここに住みたい！すぐ契約して！
ここにソファ置いてテレビはここで…
ふたりで入所してくれたら私も仙台の自分の家に戻れる…
私も仕事ができる…
やっと……
しかしこの頃から母の様子がおかしくなり
バンッ
午前3時→
↑帰省中寝泊まりしていた部屋

ひとりで洗濯した！洗濯物干さな！
日が出るまでに干さな！
ヒョコ ヒョコ ヒョコ
ベランダ
……ってなんでこの部屋のベランダに？
危いから干そうか？
なぜか敬語
いっつも私やってることやからひとりでできますッ！
いっつもやってるから！
やってるから！
…と言う割にぜんぜん届いていない
15年間洗濯も料理もしていない
被害妄想がひどくなって手がつけられない状態になってしまいました
家をのっとられたっ!!
この人が私から料理も洗濯も取りあげた！
この人がこの家に来てから毎日つらくて眠れへん！
私は毎日泣いて暮らしてるんや〜〜〜っっ
姉に泣きながら電話
昔からそういう人だったから別に今さら驚かないけど…
あんた達が生まれたせいで私は夢をあきらめたのよッ
そういう親でも娘として最善を尽くすために頑張ってるのに…
1カ月以上家庭を離れて仕事もストップして決まってた予定もすべてキャンセルして…
……すごく虚しいね…
これが自分の実の親か…
地域生活包括センターに相談に行くと
生活の急変でパニック状態なんでしょうね
そういう高齢者は多いです

お母さんが
自分で
「やっぱりムリ」と
思えるまで
在宅介護
サービスを使って
お母さんだけ
自宅で生活
させてあげては？
調理補助や
お買い物などの
ヘルパーさんに
来てもらえますよ
そうですね…
じゃ
お願いします
はい
じゃ早速…
あッ
お母さんの
介護認定…
資格喪失
してますね…
は？
15年前に
「要支援2」が
認定されて
いましたが
1年ごとに
更新じゃと!?
めんどくさいっ!!
わしが
家事するけェ
こんなモン
返すわっ!!
バンッ
お父さんの判断で
更新されて
いないそうです
…って
ことは…
お父さんも
お母さんも
またゼロから
要介護認定申請
してもらわないと
いけません…
訪問調査して
主治医の
意見書もらって
一次判定と
二次判定があって…
お父さん…
昔から
そういう人
だったから
驚かないけど…
また
自分の家に
帰れなく
なってしまった…
がくーーーん

そのうえ父の財産管理問題も発覚し
えッ
「認知症で判断力が低下すると」
「預貯金の引き出しや自宅の売却ができなくなる」!?
ファイナンシャルプランナーの安田先生助けてーっ
家族信託の手続きしましょう!
計画なしで突然訪れる親の介護って…
まるで…
アリ地獄だね……
ずぶずぶずぶ〜〜っ
のみこまれていく〜〜っ
その後
あとは私がやるからもう家に戻って
私は仙台に戻り
ごめんねお姉ちゃん
それぞれの場で問題を起こしながらも
どかんかわりゃーっ
施設入所して元気になったら元の人格に戻ってしまった
あいかわらずわがまま
デイサービスに通ったりヘルパーさんに家事してもらって
一人暮らし満喫中
ビックリするくらい元気になった父と母
世話してる娘の方がボロボロよね…
長女がんサバイバー
次女橋本病
井上家の介護は今も続いています

おわりに

自分のことを後回しにして
献身的に介護を続けてきたハルコさんが
半ダースの親達のお世話を通して、長年かけて辿り着いたのは
「自分を大切にする」という結論でした。

私も、降って湧いた両親ふたりのW介護を体験して
子ども時代の両親との関わりを振り返ったり、
両親の人生を考えたり、
じわじわと忍び寄っている自分自身の老いと
今後の自分の生き方を改めて考えさせられました。

そして辿り着いた結論はやっぱり「自分を大切にする」でした。

私が夏に実家へ介護帰省し、
自分の家庭に戻ることができたのは秋。

それからの私は
以前から「やりたい」と思いつつ、
忙しさを言い訳に先延ばしにしていたあれこれを
モーレツな勢いでやり始め、
今後の自分の人生を考えた結果、
仕事を整理し
それまでとはガラリと違う生活を送るようになりました。

世の中には
いろんな家庭があって、
いろんな親がいて、

当然その数だけ、いろんな形の介護がありますが
どんな形であっても介護というものは
子育てと同じく
介護者自身の内面を見つめる作業じゃないかな……と感じます。

そして気がつくのは
親だけでなく、自分の時間にも限りがあること。

その気づきが
自分らしさを取り戻すきっかけになるとすれば
苦労が多く、心身を消耗しがちな介護にも
大きな意味が加わるのかもしれません。

2019年夏　井上きみどり

Profile

井上きみどり いのうえ・きみどり

1964年生まれ、漫画家・コラムニスト。関西生まれ、広島育ち、現在仙台在住。河北新報社にてイラストコラム「週刊きみどり」を11年間連載。『子供なんか大キライ！』『オンナの病気をお話ししましょ。』『わたしたちの震災物語』『マンガでわかるコドモの医学』『ふくしまノート1～3』『カホゴ夫の日常』『子育ては「絵メモ」で伝えればうまくいく！』『孫育（まごいく）』『これって、「甲状腺の病気」のせいだったの？』など著書多数。

初出　集英社オンラインメディア「OurAge」
2016年5月～2018年9月
単行本化にあたり加筆・修正しました。

半《はん》ダース介護《かいご》

6人《にん》のおジジとおババお世話《せわ》日記《にっき》

2019年9月30日　第1刷発行
2019年11月12日　第2刷発行

著　　者　井上《いのうえ》きみどり
発 行 者　茨木政彦
発 行 所　株式会社 集英社
〒101-8050 東京都千代田区一ツ橋2-5-10
編集部 03-3230-6068
読者係 03-3230-6080
販売部 03-3230-6393（書店専用）

印刷所・製本所　図書印刷株式会社

ブックデザイン　原田恵都子（Harada＋Harada）

集英社ビジネス書公式ウエブサイト　http://business.shueisha.co.jp/
集英社ビジネス書公式Twitter　https://twitter.com/s_bizbooks（@s_bizbooks）
集英社ビジネス書Facebookページ　https://www.facebook.com/s.bizbooks

ISBN978-4-08-786118-1　C0095